Erleb mal was!

mosaik

Doro Ottermann

ERLEB MAL WAS!

Ankreuzen
Ausfüllen
Kreativsein

mosaik

MIX
Papier aus verantwortungsvollen Quellen
FSC® C010328
FSC www.fsc.org

Verlagsgruppe Random House FSC® N001967

1. Auflage

Originalausgabe August 2017

in der Verlagsgruppe Random House GmbH

Neumarkter Str. 28, 81673 München

Umschlaggestaltung: zeichenpool, München

Umschlagmotiv: Doro Ottermann

Gestaltung: Doro Ottermann

Gesamtherstellung: Alföldi Nyomda Zrt., Debrecen

KW • Herstellung: IH

Printed in Hungary

ISBN 978-3-442-39276-6

www.mosaik-verlag.de

HALLO ☺

Du bist ☒ ideenlos ☒ unmotiviert
oder ☒ hast ein wenig Zeit übrig?

Dann solltest du schleunigst

☐ auf dem Sofa liegen bleiben
☐ abwarten und Tee trinken
☒ aufstehen und etwas erleben.

In diesem Buch sind
☐ zwei bis drei ☐ einige ☒ mehr als 180
Ideen für kleine und große Erlebnisse versammelt. Also los! Erleb mal was!

Und wann?

☒ jetzt, natürlich!!
☐ nie

Kapitel 1

Kopfsachen

Heute …

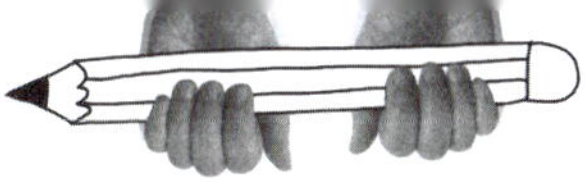

Kapitel 2
Handwerk

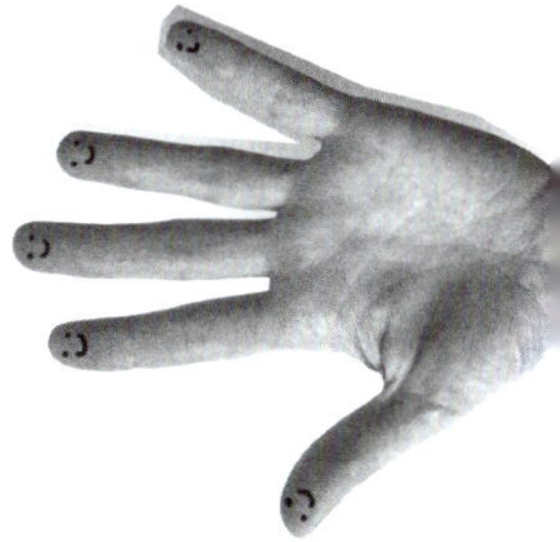

Heute...

Kapitel 3
Herzensdinge

Heute ...

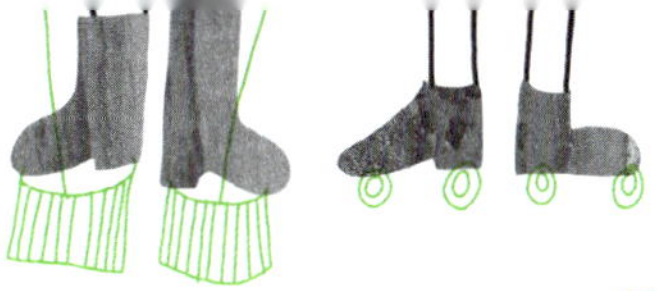

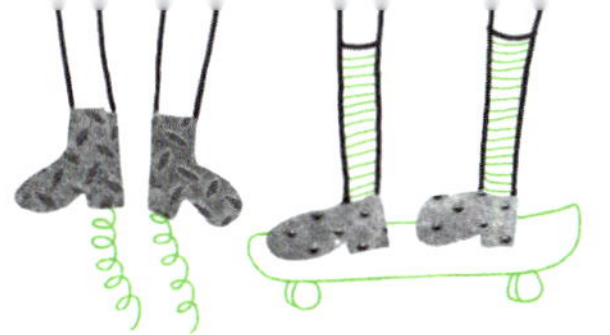

Kapitel 4
Bewegung

Heute …

Kapitel 1

KOPF

sachen

Datum: ____________

Heute räumst du in deinem Kopf auf.

Um Platz für Neues zu haben, muss erst einmal alles raus, was stört. Schreib alles hier auf, hinterher krickelst du so lange mit einem Stift darüber, bis man nichts mehr lesen kann. Aus den Augen, aus dem Sinn.

Datum: ____________

Und heute machst du den Kopf leer.

Schließ
die Augen,

atme ruhig
ein und aus,

versuch,
jeden Gedanken,
der sich in deinen
Kopf schleicht,

in ein kleines
Wölkchen zu
verwandeln,

das sich langsam
am Himmel auflöst.

Datum: ____________

Heute machst du den Tag zur Nacht.

Bleib liegen. Steh nicht auf.

Wie lange hältst du durch?

Aufgewacht bin ich um ☐ Uhr.
So oft habe ich mich wieder umgedreht und die Augen zugemacht: ☐ Mal

So habe ich den Drang bekämpft, aufzustehen und etwas zu tun: ……………………

Dafür bin ich trotzdem kurz aufgestanden: ……………………

Wenn ich nicht geschlafen habe, habe ich:

……………………

So fühle ich mich jetzt: ☐ 👍 ☐ 👎
Weil ……………………

Datum: ____________

Heute machst du die Nacht zum Tag.

Geh nicht schlafen. Bleib wach.

Wie lange hältst du durch?

Startuhrzeit dieses Experiments: ☐ Uhr

Beendet habe ich das Experiment um ☐ Uhr.

So lange habe ich also durchgehalten: ☐ Stunden

Das hatte ich mir vorgenommen: ....

....

....

Und das habe ich tatsächlich gemacht: ....

....

....

So habe ich mich wachgehalten: ....

....

....

Das hat ☐ mittel ☐ gut ☐ leider gar nicht funktioniert.

Augenringe am nächsten Morgen (einzeichnen)

Datum: ____________

Heute bist du ein Superheld.

Mal dir aus, wie du als Superheld wärst.

Mein Superhelden-Name:

Meine absolute Superkraft:

- ☐ mit der Tapete verschmelzen
- ☐ Steine essen
- ☐

Da komme ich her:

Meine Geheimwaffe:

Besonderheiten:

Das mache ich tagsüber:

Und das nachts:

Mein Erzfeind:

Datum: ____________

Heute entwirfst du dein Superheldenkostüm.

Entwirf dein spezielles Superheldenkostüm.
Denk auch an Accessoires und Details.
Und wie wäre dein Logo?

Datum: ____________

Heute bist du ganz du selbst.

Notier alles, was "typisch ...." ist.
(Dein Name)

So bin ich morgens direkt nach dem Aufstehen:

☐ mürrisch ☐ heiter bis wolkig ☐ ....

So reagiere ich auf Kritik ....

....

Das mache ich, wenn ich mich richtig freue:

....

....

Ein typisches Ritual: ....

....

....

Das bringt mich auf die Palme: ....

....

Das mache ich nur, wenn keiner guckt:

....

Ich finde mich ziemlich gut, weil

....

....

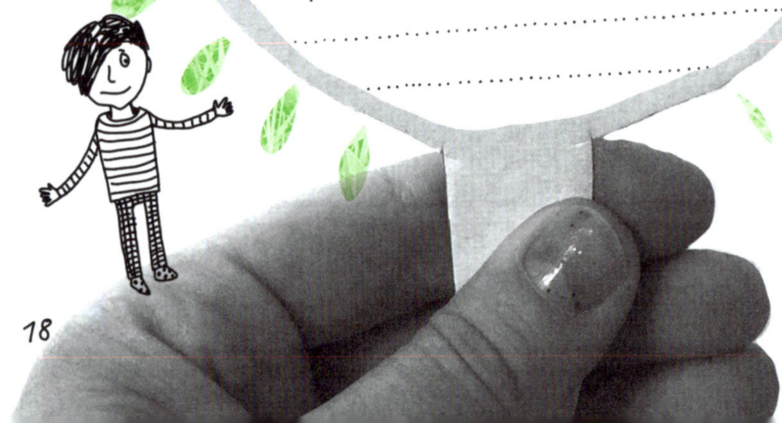

Datum: ____________

Heute bist du jemand anders.

Wer möchtest du sein? Und warum?

Heute war ich nicht ich, sondern:

So habe ich mich gekleidet:

So habe ich mich verhalten:

Das war wie immer:

Das war völlig anders:

So war es, mal in eine andere Rolle zu schlüpfen:

Möchte ich es wieder tun?

☐ ja ☐ nein

Weil

Datum: ____________

Heute startest du ein Ideenglas gegen Laaaaaangeweile.

2. Falte jeden Zettel zusammen.

1. Notier alles, was du richtig gern tust, auf kleinen Zetteln.

3. Stopf ihn in ein Glas.

4. Bei Langeweile ziehst du einen Zettel und tust das, was draufsteht.

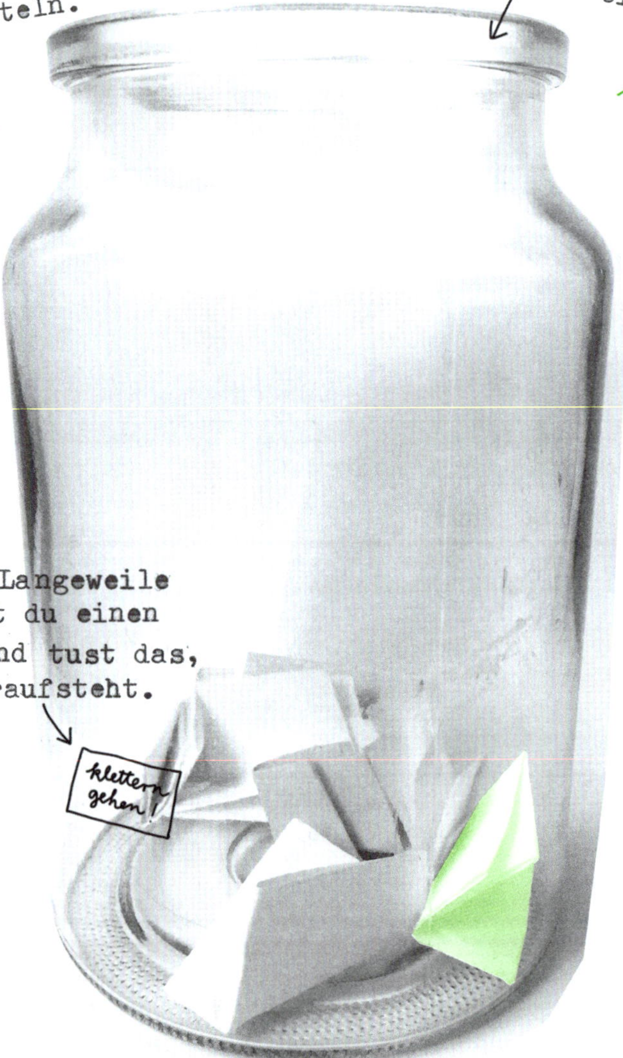

Datum: ____________

Heute probierst du dein Ideenglas gleich mal aus.

Schließ deine Augen und zieh einen Zettel. Und jetzt: Mach das, was draufsteht.

Diesen Zettel habe ich gezogen →

Das habe ich erlebt:

Datum: ______________

Heute machst du ein Gedankenexperiment.

Stell dir mal vor, wie es wäre, wenn du plötzlich der einzige Bewohner der Erde wärst.

Notier deine Gedanken.

So fühle ich mich:

Das finde ich toll am Alleinsein:

Das gefällt mir überhaupt nicht:

Das würde ich vermissen:

Da würde ich hingehen:

Und das würde ich da machen:

Das würde ich nicht vermissen:

Dort würde ich mein Lager aufschlagen:

Datum: ____________

Heute bist du ein Orakel.

Tu mal so, als könntest du hellsehen, und sag allen, die du heute triffst, sehr geheimnisvoll die Zukunft voraus.

Meine schönsten Orakeleien

Preziosen

fragil

Datum: ____________

Heute bist du eloquent.

Lern ein neues Fremdwort und wend es so oft wie möglich an.

Mein Fremdwort: ....

....

Es bedeutet: ....

....

....

....

....

So oft habe ich es angewendet: ☐ Mal

In diesem Zusammenhang habe ich es zum ersten Mal benutzt: ....

....

....

....

....

....

....

In diesem Zusammenhang hat es Verwirrung gestiftet:

....

....

....

....

Hier hat es perfekt gepasst:

....

....

....

....

Hier überhaupt nicht:

....

....

....

....

....

Ist es jemandem aufgefallen? ☐ ja ☐ nein

Oxymoron

hydrophil

prokrastinieren

obsolet

Datum: ____________

Heute sprichst du vor Publikum.

1. Such dir ein interessantes Thema aus.
2. Sammle Informationen.
3. Halte einen Vortrag.

Diese Themen interessieren mich im Moment: ....

....

....

Dieses Thema habe ich mir ausgesucht: ....

....

So habe ich mich vorbereitet: ....

....

....

Das war mein Publikum: ....

....

....

So aufgeregt war ich: 0% ▭ 100%

Reaktionen: ....

....

....

....

....

So fühle ich mich jetzt: ....

....

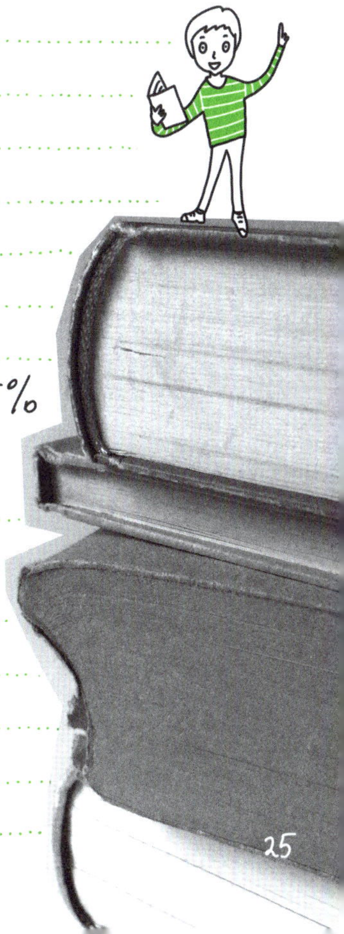

Datum: ____________

Heute singst du alle Gedanken raus.

Für Anfänger: unter der Dusche oder leise in Gedanken.
Für Fortgeschrittene: überall und jederzeit.

Datum: ____________

Heute baust du dir eine Zeitkapsel.

1. Füll deine Zeitkapsel auf der nächsten Seite mit allem, was du heute interessant findest, und verschließ sie anschließend mit Klebstoff oder einem Tacker, damit nichts herausfällt.
2. Öffne deine Kapsel frühestens in einem Jahr.

↠ Meine Zeitkapsel ↞

Mehr Ideen: Schreib dir einen Brief,
notier Lieblingssachen,
sammle Souvenirs des heutigen Tages ...

Mein heimlichster Wunsch ↴

Das will ich nicht vergessen ↗

So fühle ich mich heute ↗
(Laune einzeichnen)

← hier kleben oder tackern →

Datum: ____________

Heute hältst du den Mund.

Schreib alles auf, was du sagen möchtest.

Tipp SMS, nutz E-Mails, Zeichensprache oder diese praktischen Kommunikationshilfen.

Ich habe nichts dazu zu sagen.

Kannst du mir bitte
☐ der ☐ die ☐ das
....
....
geben?

Können wir bitte
☐ morgen
☐ am ....
darüber reden?

nein

ja

Datum: ___________

Heute machst du mal den Mund auf.

Bau dir ein Plakat und starte eine Ein-Personen-Demonstration, um deine Meinung zu vertreten.

Datum: ____________

Heute versinkst du in einer Parallelwelt.

1. Koch dir eine Kanne Tee. (Oder zwei.)
2. Schnapp dir dein liebstes Buch oder deinen liebsten Film.
3. Tauch ab!

So heißt ☐ das Buch ☐ der Film: ....

....

Das fasziniert mich daran so sehr: ....

....

....

....

Das ist komplett anders als in meiner Welt: ....

....

....

Und das ist fast genau gleich: ....

....

....

Mit diesem Charakter würde ich am liebsten mal tauschen: ....

....

Und warum? ....

....

Datum: ____________

Heute erschaffst du eine Parallelwelt.

Ergänze die Zeichnung.

das Wetter

Farbe des Himmels

So sehen die Bewohner aus

Diese Tiere leben hier

Darin leben die Einwohner

Das wächst dort

Das darf man dort niemals sagen

Diese Sprache wird dort gesprochen

So begrüßt man sich

Datum: ____________

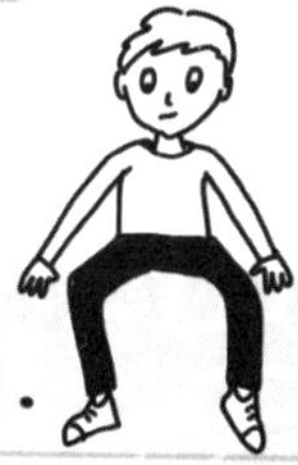

Heute löst du Probleme.

Tipp: Benutz dafür einen Bleistift, dann kannst du das Formular wiederverwenden.

Ich bin mir nicht so sicher, ob ich

oder lieber nicht.

Einerseits denke ich, dass

aber andererseits

Eine kleine Umfrage unter
☐ Freunden ☐ Leuten von der Straße ☐ ____________
hat Folgendes ergeben:

So viele Stimmen sind dafür: ☐ Stück
So viele sind dagegen: ☐ Stück

Nach ausführlicher Überlegung komme ich zum Entschluss, dass

Problem gelöst!

Datum: ____________

Heute triffst du spontane Entscheidungen.

Statt lange zu grübeln, triffst du heute jede Entscheidung spontan, innerhalb von drei Sekunden.

(Wenn dir die Entscheidung später nicht gefällt: Mach's einfach noch einmal.)

So lange brauche ich normalerweise, um mich zu entscheiden: ☐ ☐ Sekunden ☐ ....

....

Ich grüble ☐ gerne ☐ nicht gerne.

Heute habe ich jede Entscheidung blitzschnell getroffen. Das ist mir ☐ leicht ☐ schwer gefallen, weil ....

....

Kleine Liste meiner spontanen Entscheidungen:

....

....

....

....

....

....

....

....

Datum: ______________

Heute legst du dir ein paar Starallüren zu.

Wie wäre es wohl, richtig berühmt zu sein?

Dafür wäre ich berühmt:

....

....

....

Das muss es in meinem

☐ Backstageroom
☐ Hotelzimmer

immer geben: ....

....

....

....

Niemand dürfte wissen, dass ich

....

....

Diesen Spleen würde ich so richtig ausleben
↓

....

....

....

....

So wäre ich zu meinen Fans
↓

....

....

....

....

Datum: ___________

Heute entwirfst du deine Autogrammkarte.

Entwirf deine Autogrammkarte, falls es mit dem Berühmtwerden tatsächlich klappen sollte.

Platz für dein Starfoto

↑ Deine starmäßige Signatur

Hier kannst du deine Unterschrift üben →

Datum: ____________

Heute willst du mehr.

Liste alle Dinge, Leute, Sachen auf, von denen du gerne mehr in deinem Leben haben willst.

Datum: ___________

Heute willst du weniger.

Liste all die Dinge, Charaktereigenschaften und Menschen auf, die du gerne loswerden möchtest.

Datum: ____________

Heute malst du mit dem Mund!

1. Nimm den Stift zwischen die Zähne.
2. Jetzt versuch mal, wie gut du mit dem Mund zeichnen kannst.

Schreib deinen Namen.

Zeichne dich selbst.

Zeichne ein Schaf.

Hier bitte eine Teetasse.

Zeichne einen Baum.

Zeichne ein Einhorn.

Zeichne ein Haus.

Zeichne ein Sternenmeer.

____

Datum: ____________

Heute irritierst du ein Tier.

Eule, Kuckuck, Zikade? Katze oder Hund? Ganz egal. Üb ein Tiergeräusch so lange, bis es möglichst perfekt klingt. Und dann probiers mal draußen aus.

Dieses Tier kann ich am besten imitieren: ....

....

So habe ich mich vorbereitet: ....

....

Dort habe ich dann den Feldversuch gestartet: ....

....

Diese Zuschauer hatte ich: ....

....

So hat das Tier reagiert: ....

....

War es lustig? ☐ ja ☐ nein ☐ geht so

Weil ....

....

Datum: ____________

Heute: Immer der Nase nach.

Verlass das Haus und steck die Nase in den Wind.
Was riechst du?

In meinem Hausflur roch es nach:
☐ Essen ☐ Kaffee ☐ Füßen ☐ ……………………………………

So riecht es auf der Straße: ……………………………………
……………………………………………………………

Diesem Geruch bin ich eine Weile gefolgt: ……………
……………………………………………………………

Dort roch es nicht so gut: ……………………………
……………………………………………………………

Das hat heute am schönsten gerochen: …………
……………………………………………………………
……………………………………………………………

Dieser Geruch hat mich an etwas anderes erinnert: ……………………………………
……………………………………………………………
……………………………………………………………
……………………………………………………………

Auch mit diesen Düften hat meine Nase heute Bekanntschaft gemacht: ……………………………
……………………………………………………………
……………………………………………………………
……………………………………………………………

Datum: ______________

Heute bist du ganz Ohr.

Sperr die Ohren auf und hör gut zu.
Lass dich heute von deinen Ohren leiten.

Wenn ich morgens im Bett liege und in meinem Kopf noch das Licht aus ist, höre ich das: ....

....

....

So klingt die Straße vor meinem Haus: ....

....

....

Typische Geräusche meiner Stadt: ....

....

....

Dort klingt meine Stadt am schönsten: ....

....

Dort hingegen klingt es ganz fürchterlich: ....

....

Das höre ich gerne: ....

....

Das mag ich nicht gerne hören: ....

....

Ich mag es gerne ☐ laut ☐ leise, weil ....

....

....

....

Datum: ____________

Heute erfindest du ein neues Gericht.

Kombiniere alles mit allem. Go wild!

Diese Lebensmittel habe ich benutzt: ....

....

....

So nenne ich mein neues Gericht: ....

....

So habe ich es zubereitet: ....

....

....

....

....

....

So sieht das fertige Essen aus

Und so schmeckt es: ☐ ☺ ☐ 😐 ☐ 😝

Werde ich es wiederholen? ☐ ja ☐ nein

Weil ....

....

Datum: ____________

Heute erfindest du ein neues Getränk.

Misch dir ein neues Getränk,
das es bisher nicht gab.

Mein fast genaues Rezept:

Wie viel?	Woraus?

Das fertige Getränk nenne ich: „................................"

Diese Farbe hat mein Getränk:

So schmeckt's:

- ☐ großartig
- ☐ scheußlich
- ☐ ....
  ....
  ....

Werde ich es wieder machen?

☐ ja ☐ nein

Datum: ____________

Heute bist du wieder Kind.

Fühl dich mal wieder wie ein Kind!
Kauf dir eine Wundertüte und lass dich überraschen.
Geh auf den Spielplatz und fahr Karussell,
bis dir schwindelig wird.
Wasch dir nicht die Hände, bis alles schön klebt.

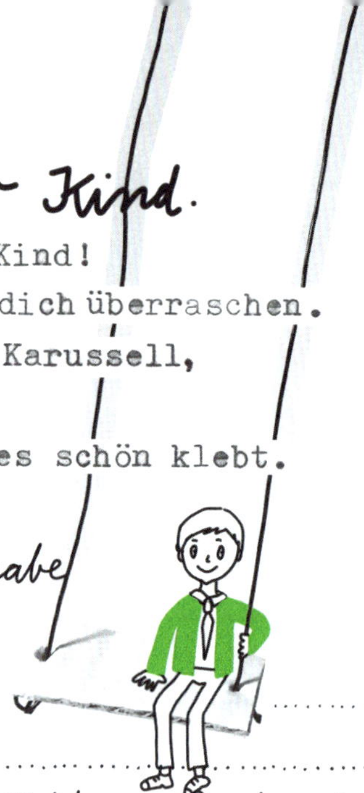

Dort war ich heute überall und habe mich ☐ kindisch ☐ kindlich benommen: ……………………

……………………

Das hatte ich dabei: ☐ meinen alten Teddy ☐ Rucksack ☐ Sonstiges: ……………………

……………………

Das war in meiner Wundertüte: ……………………

……………………

So lange kann ich schaukeln, bevor mir davon schlecht wird: ☐ ☐ Sekunden ☐ Minuten ☐ Stunden

So viele Brause-Ufos passen gleichzeitig in meinen Mund: ☐ Stück. Und so viele Gummibärchen: ☐ Stück.

Das fand ich schön am Kindsein: ……………………

……………………

……………………

……………………

Datum: ____________

Heute beschäftigst du dich mit dem Älterwerden.

Kläre folgende Fragen mit einem alten Menschen.
Je älter, desto besser. Am besten uralt.

Ich habe mich heute mit ……………………………………
unterhalten. ☐ Er ☐ Sie ist ca. ☐ Jahre alt.

Damit verbringt ☐ er ☐ sie die Tage:

……………………………………………………

……………………………………………………

Daran bemerkt man
☐ sein ☐ ihr Alter: ……………………

……………………………………………………

……………………………………………………

Das denkt ☐ er ☐ sie über das Älterwerden: ……………

……………………………………………………

……………………………………………………

……………………………………………………

Muss ich mich vor dem Älterwerden fürchten?
☐ ja ☐ nein
Warum? ……………………………………………

……………………………………………………

……………………………………………………

……………………………………………………

Heute änderst du deinen Blickwinkel.

Ändere heute so oft wie möglich deinen Blickwinkel. Geh ganz nah ran, dreh es um, stell es auf den Kopf...

Das alles habe ich umgedreht: ....

....

....

So sieht .... von unten aus:

....

So sieht .... ganz aus der Nähe aus: ....

....

So sieht .... aus, wenn man es aus großer Entfernung betrachtet: ....

....

....

Das alles kribbelt und krabbelt unter einem Stein: ....

....

....

Das habe ich abgepult, um mal darunter zu gucken:

....

....

So oft hab ich mich auf den Kopf gestellt: ☐ Mal

Datum: ___________

Heute bist du mal so richtig neugierig.

Was möchtest du wissen? Was interessiert dich?

Stell 1000 Fragen!

Der zweite Vorname von .... lautet: ....

....

So alt ist .... wirklich: ☐ Jahre

So viele Beine hat ein .... : ☐ Stück

....

So funktioniert ein ....

....

....

Das denkt ...., wenn ☐ er ☐ sie

.... : ....

....

Auch das konnte ich herausfinden: ....

....

....

....

....

....

....

....

....

Datum: ____________

Heute verschwendest du Zeit.

Womit verschwendest du am liebsten deine Zeit? Heute machst du das mal so richtig lange, ohne schlechtes Gewissen. Einfach genießen.

Damit verplempere ich gerne meine Zeit: ....

....

Das tue ich auch gerne: ....

....

Aber am liebsten mache ich das: ....

....

Und heute habe ich das einfach mal ☐ Stunden lang getan.

Es war

☐ großartig ☐ ermüdend

Das ging mir durch den Kopf: ....

....

....

....

....

....

....

Datum: ____________

Heute schenkst du jemandem Zeit.

Schenk jemandem Aufmerksamkeit, der heute ein großes Mitteilungsbedürfnis hat.

Ich habe mir heute angehört, was .... zu erzählen hatte.

Das musste ☐ sie ☐ er sich dringend von der Seele reden: ....

....

Es ist mir sehr ☐ leicht- ☐ schwergefallen, bis zum Ende zuzuhören, weil

....

....

....

....

....

So denke ich über ☐ sie ☐ ihn:

....

Das habe ich durch ☐ ihren ☐ seinen Monolog gelernt: ....

....

....

....

So fühle ich mich jetzt: ....

....

Datum: ____________

Heute stellst du einen persönlichen Welt-Rekord auf.

1. Kreuz alles an, was du richtig gut kannst.
2. Stopp und notier die Zeit, die du mit den Tätigkeiten zubringst.
3. Die Tätigkeit, die du am längsten ohne Ablenkung durchhältst, ist dein persönlicher Weltrekord.

   Herzlichen Glückwunsch!

Tätigkeiten	So lange halte ich durch:
☐ schlafen	
☐ sitzen	
☐ liegen	
☐ einatmen	
☐ ausatmen	
☐ lesen	
☐ rumkritzeln	
☐ ein Brot essen	
☐ lange grübeln	
☐ geradeaus starren	
☐ albern tanzen	
☐ umherspazieren	
☐ trösten	
☐ Serien gucken	
☐	
☐	
☐	

Datum: ____________

Heute verleihst du dir einen Orden.

1. Orden kopieren, außerordentliche Leistung von der Vorseite eintragen, ausschneiden und zusammenkleben.

2. Orden an deine Brust heften und mit Stolz tragen. Du hast ihn dir verdient!

Wohlverdienter Orden für

....

(Hier deinen Namen eintragen.)

☐ Er ☐ Sie

hat es geschafft, länger als ☐

☐ Sekunden ☐ Minuten ☐ Stunden am Stück

....

....

....

....

(Hier deine Leistung eintragen.)

WOW! GUT GEMACHT!

Datum: ____________

Heute sagst du JA.

Notiere alles, worüber du gerade glücklich und wofür du dankbar bist.

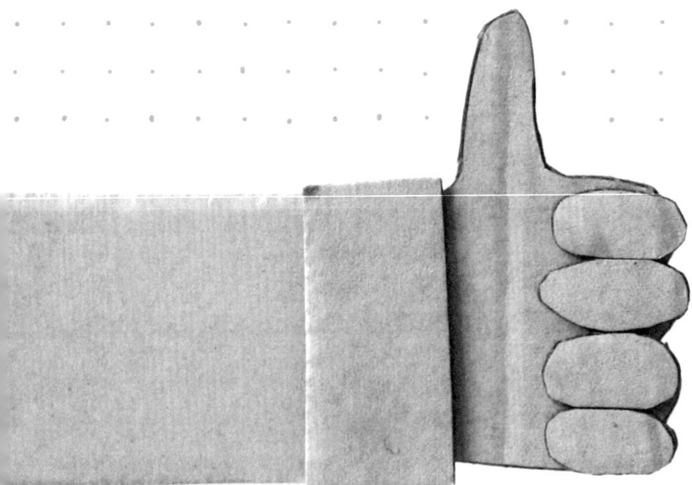

Datum: ____________

Heute sagst du NEIN.

Falls es dir schwerfällt:

1. Schneid dir ein paar Papierreste zurecht.
2. Schreib das Wort NEIN auf jedes Kärtchen.
3. Verteil die Kärtchen nach Bedarf.

NEIN

Nein

nein

NEIN

NEIN !

NEIN

(Du kannst auch diese Kärtchen als Kopiervorlagen benutzen.)

Datum: ____________

Heute ziehst du den Joker.

Tipp: Kopier deinen Joker und druck ihn dir mehrere Male aus, dann kannst du ihn so oft benutzen, wie du möchtest!

.... muss heute nicht:
(Name)

- ☐ Sport machen
- ☐ aufräumen
- ☐ arbeiten
- ☐ duschen
- ☐ pünktlich sein
- ☐ einkaufen gehen
- ☐ zuhören
- ☐ ....

sondern darf stattdessen:

- ☐ faul sein
- ☐ rumliegen
- ☐ verreisen
- ☐ blau machen
- ☐ Schokolade essen
- ☐ ausschlafen
- ☐ den ganzen Tag lesen
- ☐ ....

Erlaubnis erteilt am ....
(Datum)

von ....
(hier deine möglichst unleserliche Unterschrift)

Datum: ____________

Heute machst du Quatsch.

Sprich in so vielen unterschiedlichen Dialekten wie möglich.

Diese Dialekte kann ich halbwegs imitieren: ……………

……………

……………

Dort habe ich sie überall angewendet: ……………

……………

……………

Mein liebster Dialekt: ……………

Weil ……………

……………

So oft habe ich ihn heute angewendet: ☐ Mal

Das waren die Reaktionen: ……………

……………

……………

……………

Hab ich mich zum Affen gemacht:

☐ ja ☐ nö ☐ nur ein bisschen

Weil ……………

……………

……………

……………

……………

Kapitel 2

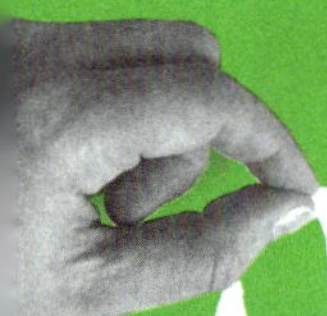

HAND

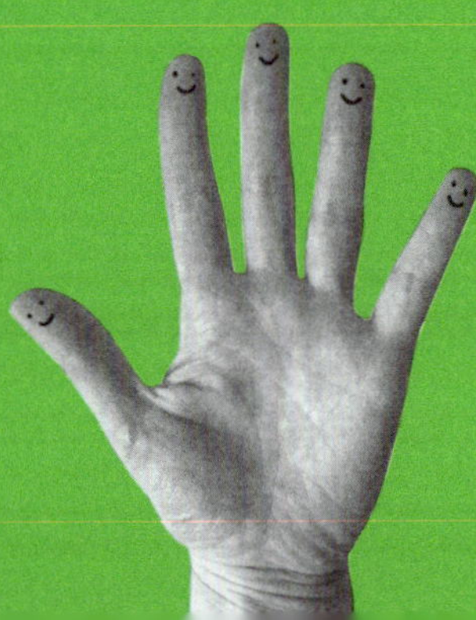

werk

Datum: ____________

Heute machst du eine Mutprobe.

Zieh ein weißes T-Shirt an und iss dann etwas Buntes mit möglichst hohem Kleckerpotenzial.

Das habe ich gegessen: ....

....

Das hatte ich dabei an: ....

....

....

....

....

....

....

....

....

So oft gekleckert: ☐ Mal

Es war ☐ lustig ☐ spannend

Weil ....

....

Alle Flecken hier einzeichnen ↑

Datum: ____________

Heute malst du mit deinem Essen.

Guck mal in den Kühlschrank/Küchenschrank:

Womit könnte man malen? Probier es hier aus.

Datum: ______________

Heute fälschst du ein Kindheitsfoto.

1. Stell dein liebstes Foto aus Kindheitstagen nach.
2. Kleb es hier ein.

Mein Originalfoto von ______

Mein aktuelles Foto von heute.

Datum: ____________

Heute legst du ein Fotoalbum deines Tages an.

Du kannst die Bilder am Computer verkleinern und anschließend ausdrucken und hier einkleben.

Mein Frühstück.	Hier habe ich die meiste Zeit verbracht.
Mein heutiger Lieblingsort.	Total besonders.
Etwas.	Jemand.
Ein Einblick.	Ein Ausblick.

Heute lässt du mal die Finger vom Internet.

Datum: ____________

Notier deine Gedanken.

So schwer ist es mir gefallen 0 % [   ] 100 %

So oft wollte ich meine Nachrichten checken: [   ] Mal.

Stattdessen habe ich dann das gemacht: ....

....

....

Das hat mir am Verzicht gut gefallen: ....

....

....

Und das weniger: ....

....

....

....

Jetzt fühle ich mich ☐ entspannter ☐ gereizter als sonst, weil ....

....

....

....

Heute lässt du gleich noch mal die Finger vom Internet.

Das wird hart. Im Ernst? Oh ja!

Datum: ________

Es ist mir ☐ leicht- ☐ schwergefallen, weil ……………

……………………………………………

……………………………………………

……………………………………………

Lustigste Ersatzhandlung: ……………

……………………………………………

……………………………………………

Das hat mich total genervt: ……………

……………………………………………

……………………………………………

Und das fand ich richtig gut heute: ……………

……………………………………………

……………………………………………

Würde ich es wieder tun? ☐ ja ☐ nein

Weil ……………………………………………

……………………………………………

……………………………………………

Datum: ____________

Heute bist du ein Paradiesvogel.

1. Kleide dich mal so richtig auffällig und bunt. Vergiss Hut und Federboa nicht!
2. Genieß die Aufmerksamkeit.

So habe ich mich herausgeputzt: ....

....

....

Das war ☐ ganz normal ☐ völlig ungewohnt für mich, weil ....

....

Bestes Accessoire: ....

....

Lustigste Reaktion: ....

....

So hat es sich angefühlt aufzufallen: ....

....

....

....

....

....

....

....

....

....

Datum: ______________

Heute bist du unsichtbar.

Kleide dich so unauffällig wie möglich.
Versuch, mit der Tapete zu verschmelzen.
Was kannst du beobachten, wenn du "unsichtbar" bist?

Das hatte ich an: ....

....

Wurde ich tatsächlich übersehen? ☐ ja ☐ nein

So war das: ....

....

....

Ein mitgehörter Satz: ....

....

Eine interessante Beobachtung:

....

....

Das war ☐ lustig ☐ traurig:

....

....

....

....

....

So sah ich aus.

Datum: ____________

Heute zeichnest du jeden,
mit dem du ein Wort wechselst.

Datum: ____________

Heute zeichnest du jede Stunde ein Selbstporträt.

0:00 1:00 2:00 3:00 4:00

5:00 6:00 7:00 8:00 9:00

10:00 11:00 12:00 13:00 14:00

15:00 16:00 17:00 18:00

19:00 20:00 21:00 22:00

Datum: ____________

Heute bist du ein Schmuckdesigner.

Bastel dir ein Schmuckstück aus einem gefundenen Gegenstand.

Zuerst hab ich alle Fundstücke und nützlichen Dinge zusammengesucht:

Fundstück	Da hab ich es gefunden.	Das könnte ich daraus machen.

Ich habe mir ☐ einen Ring ☐ Kettenanhänger ☐ .... hergestellt. Dafür habe ich das verwendet: ....

....

....

....

Mit dem Resultat bin ich ☐ sehr ☐ nicht zufrieden, weil ....

....

....

....

Ich werde es auf ☐ jeden ☐ keinen Fall in der Öffentlichkeit tragen.

So sieht das aus:

Datum: ____________

Heute bist du ein Schreiner.

Bau ein Möbelstück.

Das habe ich mir gebaut : ....

....

Dafür habe ich das alles verwendet : ....

....

Diese Werkzeuge habe ich benutzt : ....

....

Auch .... hat sich als nützlich erwiesen.

So habe ich es angestellt : ....

....

....

Kleinere Blessuren? ☐ ja ☐ nein

Diese : ....

....

Mein Möbelstück ist ☐ praktisch
☐ wackelig ☐ eine Augenweide

Ich denke, ich werde es ☐ behalten
☐ verschenken, weil ....

....

....

....

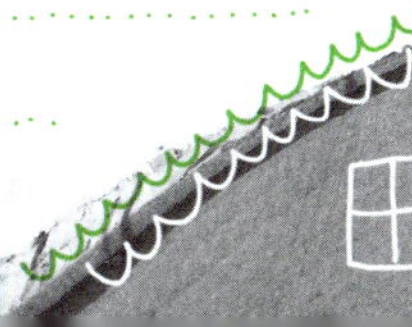

Datum: ____________

Heute schreibst du mit der anderen Hand.

A B C

hallo

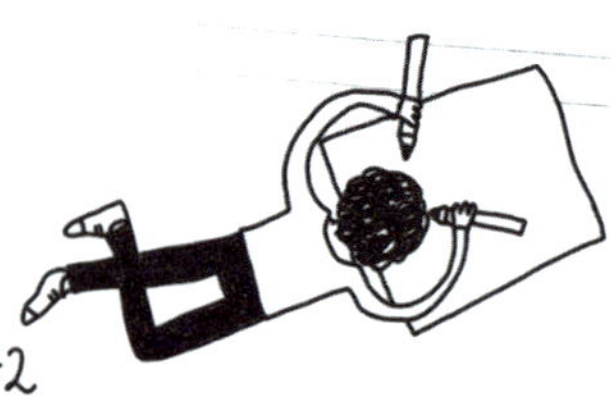

Datum: ____________

Heute lernst du das Fingeralphabet.

Buchstabier deinen Namen mit den Fingern.

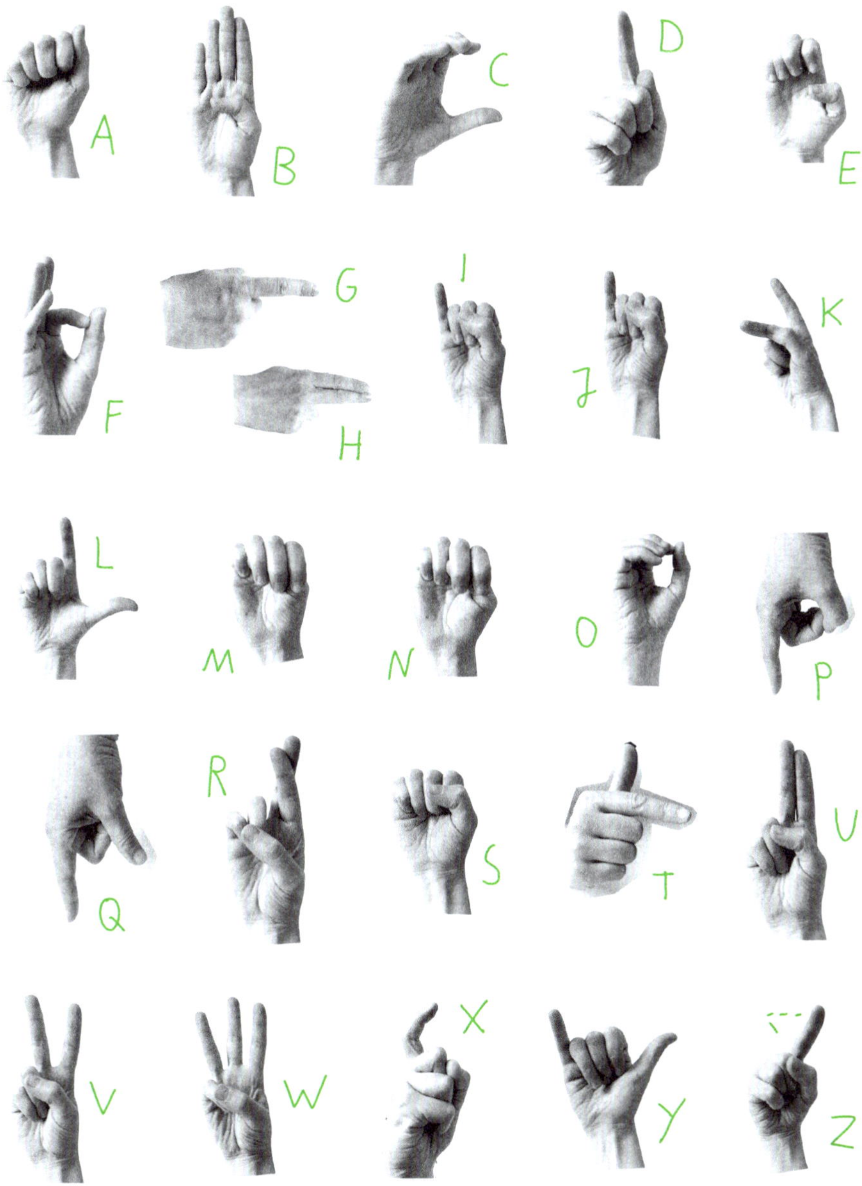

Datum: ____________

Heute lässt du etwas Kleines ganz groß aussehen.

1. Nimm einen Fotoapparat.
2. Such einen kleinen Gegenstand.
3. Fotografier ihn so, dass er RIESENgroß aussieht.

Du kannst das fertige Foto ausdrucken und hier einkleben.

Datum: ____________

Heute lässt du etwas Großes ganz klein aussehen.

1. Nimm deine Kamera.
2. Such dir etwas richtig, richtig Großes.
3. Jetzt fotografier es so, dass es klitzeklein aussieht.

Platz für dein Foto.

Datum: ____________

Heute bist du ein Koch.

Koch dir eine Mahlzeit, die dich glücklich, glücklicher oder am glücklichsten macht.

Diese Lebensmittel machen mich glücklich: ....

....

....

Für mein Glücksgericht habe ich diese benutzt: ....

....

So habe ich es zubereitet: ....

....

....

....

So hat es geschmeckt: ....

....

Mit dieser Person teile ich mein Essen am liebsten, weil Teilen NOCH glücklicher macht: ....

....

So glücklich bin ich jetzt:
0% ▭ 10000%

Datum: ____________

Heute bist du ein Bäcker.

Back dir einen Kuchen,
ohne vorher in ein Rezept zu gucken.
(Kleiner Tipp: Eier, Mehl und Milch wären schon hilfreich,
sind aber kein Muss.)

Diese Zutaten habe ich benutzt: ……………………………

……………………………………………………

Zubereitung: ……………………………………………

……………………………………………………

……………………………………………………

Und dann das Ganze für ☐ ☐ Minuten ☐ Stunden
bei ☐ Grad ☐ in den Ofen ☐ in die Mikrowelle.

So hat das Resultat geschmeckt:
☐ superlecker ☐ interessant

So sah es aus: ……………………………

……………………………………

……………………………………

……………………………………

Wem habe ich etwas abgegeben?

……………………………………

……………………………………

Werde ich dieses Kuchenexperiment wiederholen?
☐ definitiv! ☐ auf gar keinen Fall!

Datum: ____________

Heute machst du dir die Hände schmutzig.

1. Hände schmutzig machen.

2. Dreck auf diese Seite schmieren.

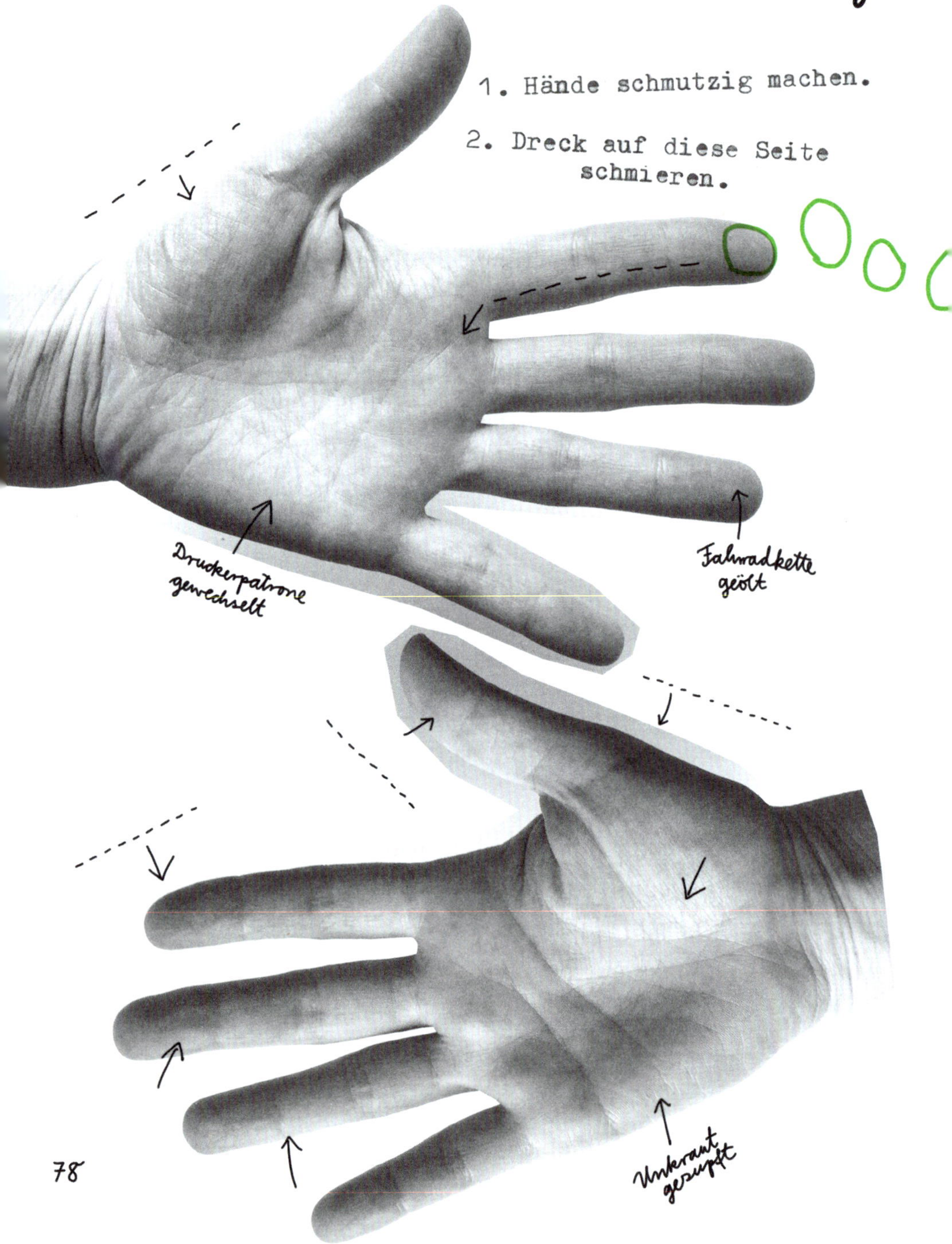

Datum: ____________

Heute lässt du deine Finger entscheiden.

1. Augen schließen. Frage stellen.
2. Mit ausgestrecktem Finger irgendwo auf diese Seite tippen.
3. Die Antwort gefällt dir nicht? Versuch's noch einmal!

Datum: ____________

Heute erledigst du richtig viel!

1. Notier alles, wovor du dich letzte Zeit gedrückt hast oder was du dringend erledigen solltest.
2. Jetzt erledigst du eins nach dem anderen.

☐ ....

☐ ....

☐ ....

☐ ....

☐ ....

☐ ....

☐ ....

☐ ....

☐ ....

☐ ....

☐ ....

☐ ....

☐ ....

☐ ....

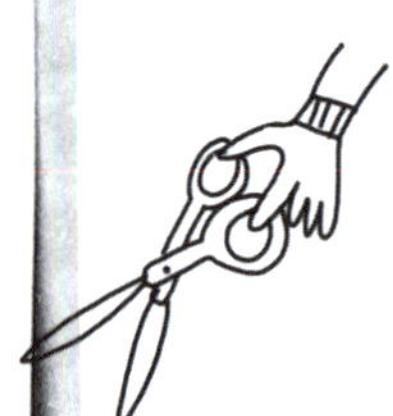

Alles erledigt? ☐ ja ☐ nein

Wie fühlt sich das an?

☐ ziemlich gut ☐ geht so

Datum: ____________

Heute machst du GAR NICHTS.

So habe ich mich dabei gefühlt: ....

....

....

....

....

Datum: ___________

Heute zeichnest du mal ohne nachzudenken.

1. Nimm dir deinen Lieblingsstift.
2. Telefonieren. Egal, mit wem. Hauptsache lange.
3. Kritzel wild drauflos!

X Hier geht's los.

Datum: ____________

Heute zeichnest du an einem ungewohnten Ort.

- ☐ auf einem Baum
- ☐ unter der Dusche
- ☐ ____________

Datum: ____________

Heute zeichnest du alles, was du isst.

Ja, wirklich alles.

Datum: ____________

Heute machst du dir eine neue Frisur.

Greif zu Farbe oder Schere, und los geht's!

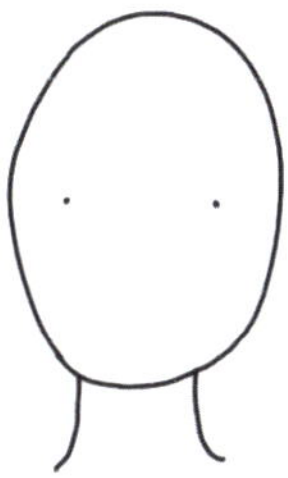

So sah ich vorher aus.

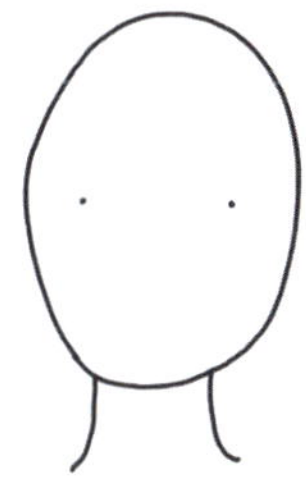

So sehe ich jetzt aus.

Und so habe ich es angestellt: ....

....

Hilfsmittel: ....

....

Es war ☐ leicht ☐ ziemlich schwierig.

Weil ....

....

....

....

....

....

....

So zufrieden bin ich mit dem Ergebnis:

0% ▭ 100%

Datum: ____________

Heute lernst du Jonglieren.

Nimm dir drei Bälle oder drei Sockenknäuel
oder drei Äpfel oder ...
Hauptsache, es sind drei etwa gleich schwere
Gegenstände. Und jetzt üb. So geht's:

2 Bälle
(für Fortgeschrittene)

Nimm einen Ball in jede Hand. Wirf den Ball aus der rechten Hand in einem stirnhohen Bogen rüber zur linken Hand. Wenn der Ball am höchsten Punkt ist, wirfst du den Ball aus der linken Hand, ebenfalls in einem stirnhohen Bogen, rüber zur rechten Hand. Fang beide Bälle, ohne hinzugucken. Klappt? Dann weiter zu 3. →

3 Bälle
(für Profis: die Kaskade)

Halt 2 Bälle in der rechten und 1 Ball in der linken Hand. Wirf den ersten rechten Ball im hohen Bogen los. Bevor du ihn mit links fängst, wirfst du den linken Ball los. Bevor du diesen mit der rechten Hand fängst, wirfst du den nächsten rechten Ball los. Bevor du diesen mit der linken Hand fängst, wirfst du den nächsten linken Ball los ...

1 Ball
(die Anfängerübung)

Halt einen Ball in der rechten Hand. Die Arme sind nah am Körper, die Hände auf Bauchnabelhöhe. Jetzt wirfst du den Ball im hohen Bogen rüber in die linke Hand und fängst ihn auf, ohne hinzugucken. Nun wirfst du den Ball – wieder im hohen Bogen – zurück deine rechte Hand. Wenn das gut klappt, darfst du weiter zu Schritt 2.

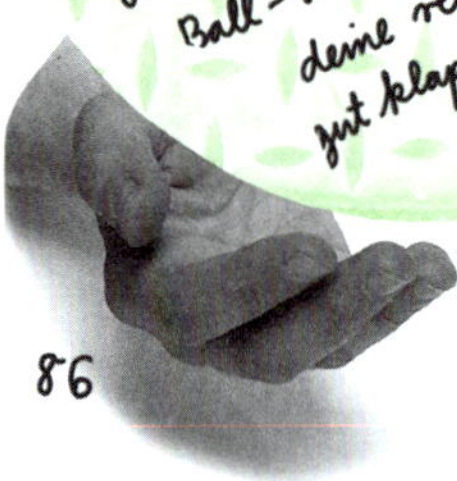

Datum: ____________

Heute übst du Handstand.

Fortgeschrittene versuchen, auf Händen zu gehen.

So habe ich geübt: ☐ an der Wand ☐ im Raum

Ich fand es ☐ leicht ☐ mittel ☐ schwer

Weil ……………………………………………………………

……………………………………………………………………

☐ Es hat total gut geklappt.

☐ Es hat überhaupt nicht geklappt, darum habe ich stattdessen das gemacht: ……………………………

……………………………………………………………………

So lange kann ich auf den Händen stehen:

☐☐ Sekunden ☐ Minuten

So viele Schritte kann ich auf Händen zurücklegen: ☐ keinen einzigen ☐ ☐ Stück

So finde ich es, kopfüber zu sein: ……………………………

……………………………………………………………………

……………………………………………………………………

Datum: ___________

Heute bist du ein Songwriter.

1. Druck dir den Text deines Lieblingssongs aus.
2. Schneid jedes Wort einzeln aus.
3. Sortier die Worte so lange, bis ein neuer Song entsteht.

↑ Platz für deinen Song ↑

Datum: ____________

Heute bist du ein Improvisations-Poet.

1. Nimm einen beliebigen Zeitungsartikel.
2. Schneid nur die Worte aus, die dir gefallen.
3. Leg daraus ein neues Gedicht.
   (Es muss sich nicht reimen.)

↑ Platz für dein Gedicht ↑

Datum: ___________

Heute baust du ein kleines Museum.

Sammle interessante kleine Dinge,
die in Streichholzschachteln passen.

Das alles habe ich für mein Hosentaschenmuseum gefunden:

← Hier ein paar der Kleinigkeiten einkleben oder einzeichnen

Datum: ____________

Heute baust du ein Monumentalbauwerk. Oder so.

Bau etwas, das SO groß ist,
dass man es vom Weltraum aus sehen könnte.

(Tipp: Das geht gut am Strand, auf abgeernteten Feldern und großen freien Plätzen.)

Dort habe ich mein Bauwerk errichtet: ....

....

Hilfe hatte ich dabei von: ....

....

So lange hat es gedauert:

☐ ☐ Stunden ☐ Tage ☐ ....

So groß ist es geworden:

Breite: ☐ Meter Höhe: ☐ Meter Tiefe: ☐ Meter

Diese Materialien habe ich verwendet:

☐ Stöcke ☐ Steine

☐ Sonstiges: ....

....

....

Wie lange soll es stehen bleiben?

☐ für immer

☐ mindestens bis

....

Das ist das Besondere an meinem Bauwerk:

....

....

....

....

....

....

Datum: ____________

Heute räumst du draußen auf.

Egal ob im Wald, im Park oder in deinem Stadtteil: Räum mal etwas Müll weg, obwohl du ihn nicht hingeschmissen hast.

Dort habe ich aufgeräumt: ……………………………

……………………………………………

So lange hat es gedauert:

[ ] ☐ Minuten ☐ Stunden

Wer war dabei? ……………………………

……………………………………………

……………………………………………

Ein paar der Dinge, die ich weggeräumt habe: ……………

……………………………………………

……………………………………………

……………………………………………

……………………………………………

Es war ☐ okay ☐ ein bisschen ekelig, weil ……………

……………………………………………

……………………………………………

Auch dort könnte ich mal für Ordnung sorgen: ……………

……………………………………………

……………………………………………

Würde ich es wieder tun? ☐ ja ☐ nein

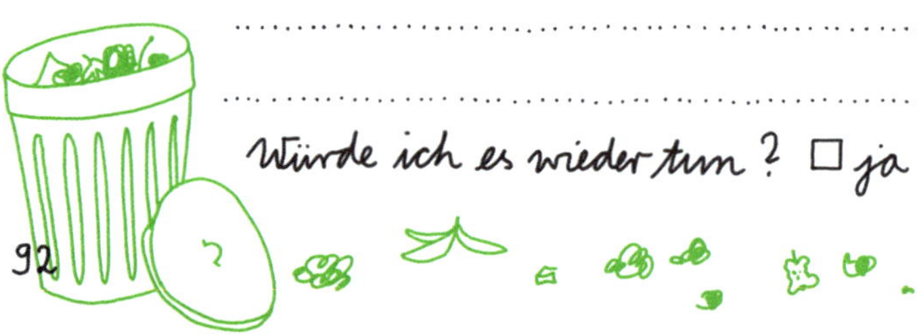

Datum: ____________

Heute pflanzt du einen Baum.

Es darf auch ein Bäumchen sein.

Diesen Baum habe ich gepflanzt: ....

....

Und zwar dort ....

....

Es war ☐ ziemlich ☐ nicht besonders anstrengend

Weil ....

....

....

Wer war dabei? ....

....

So groß ist mein Baum jetzt: ☐ ☐ Zentimeter ☐ Meter

So groß könnte er werden: ☐ Meter

Wenn ich ☐ Jahre alt bin,

möchte ich

☐ auf den Baum klettern

☐ auf einer Bank unter dem Baum sitzen und ....

....

....

....

Datum: ___________

Heute bastelst du mit Abfall.

Greif in den Papierkorb, schnapp dir 'ne Handvoll Zeug und kleb dir hier eine Collage.

Datum: ____________

Heute machst du einen Wettkampf gegen den Regen.

Mal an einem regnerischen Tag ein riesengroßes Bild mit Straßenkreide.

Dort habe ich heute versucht zu malen: ....

....

Es hat ☐ gut ☐ mittel ☐ schlecht funktioniert, weil ....

....

....

Das wollte ich malen: ....

....

So oft musste ich von Neuem beginnen: ☐ Mal

Jetzt bin ich ziemlich ☐ frustriert ☐ nass ☐ glücklich

weil ....

....

....

....

Und, wer hat jetzt eigentlich gewonnen?

☐ der Regen

☐ ich natürlich!

☐ wir sind beide Sieger

Datum: ____________

Heute bist du ein Reporter.

Begib dich heute in eine ungewohnte Situation und notier deine Eindrücke und Erlebnisse.

Heute habe ich das gemacht:

Es war sehr ungewohnt für mich, weil

So war es:

Datum: ____________

Heute bist du ein Autor.

Schreib deine eigene Biografie
in fünf Wörtern.

Diese fünf Wörter beschreiben mein
Leben am besten:

1

2

4

3

5

Es ist mir ☐ leicht- ☐ schwergefallen, mich auf fünf Wörter
festzulegen, weil ☐ ich mich so gut kenne
☐ es noch viel mehr passende Worte gäbe,
zum Beispiel diese: ....

....

....

....

....

....

Datum: ___________

Heute schnitzt du dir 'nen Stempel.

1. Nimm dir einen großen Radiergummi.
2. Zeichne dein Motiv drauf und schnitz es mit einem scharfen Messer heraus.
   (Achtung: Text musst du gespiegelt schreiben, damit er beim Stempeln richtig herum ist.)
3. Probier deinen Stempel hier aus.

Datum: ___________

Heute druckst du einfach ALLES.

1. Such Dinge, die du drucken möchtest.
2. Bestreich sie mit Farbe.
3. Druck sie hier!

Datum: ___________

Heute zeichnest du superschnell.

Zeichne alle diese Dinge innerhalb von 3 Sekunden.

Sag dabei "einundzwanzig, zweiundzwanzig, dreiundzwanzig", denn genau so lange dauern 3 Sekunden.

Sonne, Mond + Sterne

Maus

Stuhl

Kühlschrank

Haus

Dich selbst

Blume

Tier

Frisur

Fernseher

Landschaft

Frühstück

Datum: ____________

Heute schreibst du eine Postkarte.

1. Postkarte kopieren.
2. Alles Wichtige ankreuzen.
3. Verschicken.

Urlaubspost für

______________________ !

Hallo ....

Ich bin gerade ☐ in ☐ auf ....

Hier ist es ☐ ziemlich schön ☐ echt blöd.

Das Essen ist .... und die

Landschaft wirklich ....

Ich wünschte ☐ du wärest hier

☐ es wäre schöner

1000 Küsse,

☐ deine ☐ dein ....

Datum: ____________

Heute bist du ein richtig guter Mensch.

Wie viele gute Taten schaffst du an einem Tag?
Führ eine Strichliste.

~ Meine guten Taten ~

Türen aufgehalten:

Jemandem tragen geholfen:

Etwas gespendet:

Jemandem den Vortritt gelassen:

Mit jemandem geteilt:

Extrem nette Sachen gesagt:

Jemanden getröstet:

Sonstiges: ....

....

....

Insgesamt habe ich so vielen Menschen geholfen: ☐ Stück

Hat es Spaß gemacht? ☐ ja ☐ nein

Weil ....

....

Diese guten Taten könnte ich als Nächstes vollbringen: ....

....

....

Datum: ____________

Heute bist du extrem hilfsbereit.

1. Finde heraus, wo Hilfe nötig ist.
2. Geh hin und hilf!

Dort war heute Hilfe nötig: ....

....

Das habe ich gemacht: ....

....

....

So lange habe ich geholfen: [ ] ☐ Minuten ☐ Stunden

.... hat sich über meine Hilfe
☐ sehr ☐ gar nicht gefreut.

So anstrengend war es: 0% [ ] 100%

So fühle ich mich jetzt:
☐ beschwingt ☐ erledigt

Würde ich es wieder tun?
☐ auf jeden Fall ☐ nein

Datum: ____________

Heute bist du ein Schneider.

Heute stopfst du mal ein Loch, anstatt das kaputte Kleidungsstück wegzuwerfen.

Das war kaputt: ....

....

Ich mag dieses Kleidungsstück ☐ total ☐ ein wenig gerne, weil ....

....

....

So ist es kaputtgegangen: ....

....

....

So habe ich es repariert: ....

....

....

....

Hilfe hatte ich auch von: ....

....

....

So oft habe ich mir in den Finger gepikst: ☐ Mal

Das könnte ich als Nächstes reparieren: ....

....

....

Datum: ____________

Heute bist du ein Mechaniker.

Heute reparierst du etwas, das lange defekt war.

Das war kaputt: ……………………………………

Dafür brauche ich es ……………………………………

……………………………………………………

Es ist schon vor ☐ ☐ Wochen ☐ Monaten ☐ Jahren

kaputtgegangen. Seitdem stand es herum und hat mich gestört.

Heute habe ich dieses Werkzeug zusammengesucht: ……………………

……………………………………………………

……………………………, und es wieder in Ordnung gebracht.

Das war ☐ sehr ☐ ein wenig kniffelig: ……………………

……………………………………………………

……………………………………………………

So oft habe ich ☐ laut ☐ leise geflucht: ☐ Mal

So stolz bin ich jetzt auf mich:

☐ ein wenig ☐ enorm

Weil ……………………………

……………………………

……………………………

……………………………

……………………………

Kapitel 3

HERZENS

dinge

Datum: ____________

Heute bist du ein Fan.

Schreib einen Brief an dein großes Vorbild.

☐ Liebe ☐ Lieber ……………………………………

Und jetzt? Abschicken! Und auf eine Antwort warten.

Datum: ____________

Heute schmiedest du Pläne fürs Leben.

FallschirmspringenChefseinFilmdrehen10Kindermindestens...

Notier hier alle kleinen und großen Pläne.

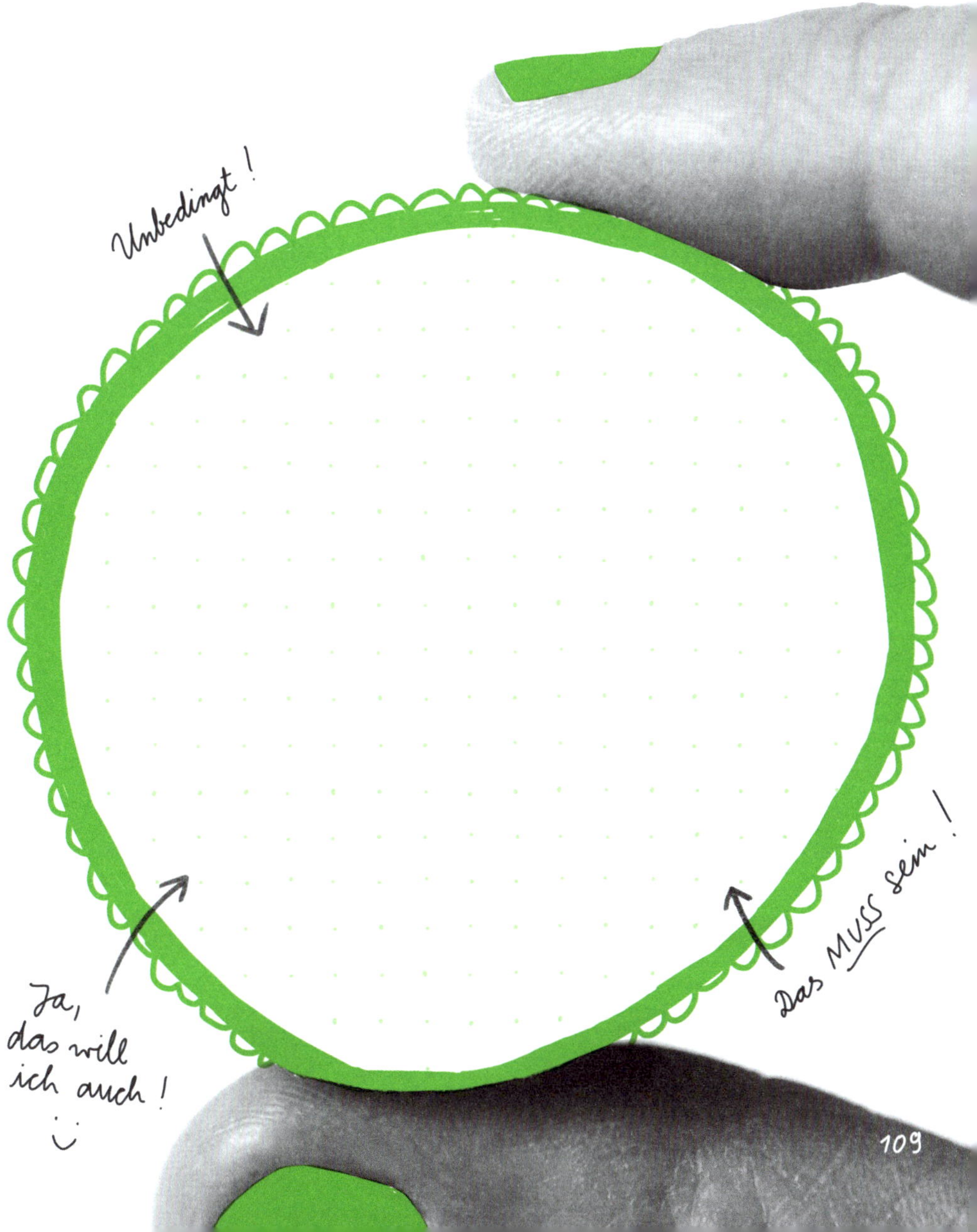

Datum: ___________

Heute fischst du mal nach Komplimenten.

1. Frag Freunde und Bekannte, was sie an dir schätzen.

2. Notier alles auf den Fischen*.

* Falls die Fische nicht ausreichen: Bastel dir einfach noch mehr. Davon kann man nicht genug haben.

Datum: ____________

Heute streichelst du dein Ego.

1. Kärtchen ausfüllen.
2. Kopieren und ausschneiden.
3. Kärtchen überall in deiner Wohnung in Büchern und Jackentaschen verstecken und dich freuen, wenn du irgendwann eins findest.

DAS
hab ich
GUT
gemacht!

....
....
....
....
....

Ich bin SO cool!

Ich bin stolz auf mich,
weil ....
....
....
....

Daumen hoch für meine
Wahnsinnsleistung:
....
....
....

Super, ... !
(dein Name)

Datum: ____________

Heute hebst du deine Stimmung.

Lächle dir selbst jedes Mal zu,
sobald du dein Spiegelbild erblickst.

So oft habe ich heute ungefähr gelächelt:

☐ 100 Mal ☐ mehr als 1000 Mal ☐ ....

Am Anfang fand ich es ☐ seltsam ☐ albern ☐ ....

Aber dann ....

....

In diesen Oberflächen habe ich mir zugelächelt: ....

....

....

....

So fühle ich mich jetzt:

....

....

Werde ich es öfter tun? ☐ ja ☐ nein

Weil ....

....

Datum: ____________

Heute lächelst du zurück.

Lächle so oft wie möglich Fremden zu.

So oft habe ich gelächelt: ☐ Mal

So viele Leute haben zurückgelächelt: ☐ Stück

Lustigster Lächelpartner: ....

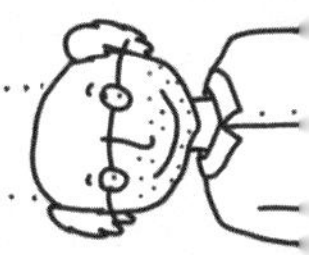

Bei dieser Person hat es nicht funktioniert: ....

....

So habe ich mich morgens gefühlt: ....

Und jetzt fühle ich mich so: ....

....

....

Werde ich es wieder tun? ☐ ja ☐ nein

Weil ....

....

....

Datum: ____________

Heute lässt du mal Dampf ab.

1. Finde zehn verschiedene Wege, ein Blatt Papier restlos zu zerstören.
2. Jetzt einen nach dem anderen ausprobieren. Viel Spaß!

1

2

3

4

5

6

7

8

9

10

Datum: ____________

Heute machst du einen Neuanfang.

Damit habe ich Schluss gemacht:

Es ist mir ziemlich ☐ leicht- ☐ schwergefallen.

So soll es jetzt weitergehen:

So erleichtert bin ich: 0% ☐ 100%

Datum: ____________

Heute motivierst du dich selbst.

1. Schreib das schönste Kompliment, das du jemals bekommen hast, auf einen Zettel.
2. Lass es dir im Copyshop riesengroß ausdrucken.
3. Häng es über deinen Arbeitsplatz.

Das tollste Kompliment aller Zeiten kommt von: ____________

Datum: ____________

Heute verteilst du Lob & Komplimente wie Konfetti.

Was hast du gesagt? Und zu wem?

Datum: ____________

Heute hast du ein „Dinner for one".

Gestalte ein schönes Date.

Mit dir selbst.

Dieses leckere Mahl habe ich mir selbst mit ganz viel Liebe zubereitet:

Dazu gab es dieses köstliche Getränk:

So habe ich den Tisch gedeckt:

Meine festliche Kleidung:

Schöne Hintergrundmusik:

Habe ich die Zeit mit mir selbst allein genossen?

☐ ja ☐ nein

Datum: ____________

Heute bist du ein Picknicker.

Bereite einem Freund / einer Freundin ein Picknick zu.

Dort habe ich mit ……………………… gepicknickt: ………………………

Das haben wir als Unterlage benutzt: ………………………

Daraus bestand unser Picknick: ………………………

Die Stimmung war ☐ friedlich ☐ ausgelassen.

Unser schönstes Gesprächsthema: ………………………

Ein besonderes Detail, das ich nicht vergessen möchte: ………………………

Datum: ____________

Heute sammelst du deine kleinen Glücksmomente.

Den leckersten Tee getrunken.

Ausnahmsweise die schnellste Schlange an der Supermarktkasse erwischt.

Insgesamt kann man sagen, dass der Tag
☐ super ☐ gigantisch ☐ ________ war!

Datum: ____________

Heute beschreibst du dein allerallergrößtes Glückserlebnis.

Dort ist es passiert: ………………………

………………………………………………

So war das Wetter: ………………………

………………………………………………

Beteiligte Personen: ………………………

………………………………………………

Das ist genau passiert: Zuerst ………………

………………………………………………

………………………………………………

Und dann: ………………………………

………………………………………………

………………………………………………

So habe ich mich gefühlt:

	ja	nein	etwas
prickelnd	☐	☐	☐
samtig	☐	☐	☐
ruhig	☐	☐	☐
verrückt	☐	☐	☐
dramatisch	☐	☐	☐
sonderbar	☐	☐	☐
irrsinnig	☐	☐	☐
schräg	☐	☐	☐
tragisch	☐	☐	☐
………………	☐	☐	☐

Dieses Detail hat mein Herz fast zum Zerspringen gebracht:

………………………………………………

………………………………………………

………………………………………………

Datum: ____________

Heute bringst du dich selbst zum Lachen.

Zeichne im Dunkeln oder mit verbundenen Augen. Egal was du zeichnest, das Ergebnis wird lustig aussehen. Versprochen!

Datum: ______________

Heute zauberst du jemandem ein Lächeln ins Gesicht.

1. Füll einen kleinen Karton mit netten Dingen.
2. Verschick ihn mit der Post oder gib ihn anonym beim Empfänger ab.

Das alles habe ich eingepackt:

....

....

....

....

....

....

....

....

....

Datum: ___________

Heute erleichterst du dein Herz.

1. Such dir einen hellen Stein.
2. Schreib mit Filzstift alles drauf, was dich belastet.
3. Wirf ihn in den Fluss.

Datum: ____________

Heute lobst du dich selbst über den grünen Klee.

Schreib hier alles auf,

was du richtig gut kannst.

Datum: ____________

Heute knüpfst du einen Kontakt.

Sprich jemanden an, den du immer schon mal ansprechen wolltest.

Diese Person wollte ich schon lange ansprechen: .... Bisher habe ich es nicht getan, weil ....

Das habe ich gesagt:

".."

Aber heute war es endlich so weit! Dort habe ich ☐ sie ☐ ihn angesprochen: ....

Die Reaktion:

"..."

So fühle ich mich jetzt:

☐ eher beschwingt

☐ eher am Boden zerstört

Weil ....

Datum: ______________

Heute erweckst du eine Freundschaft aus dem Winterschlaf.

Melde dich bei jemandem, von dem du lange nichts gehört hast.

Von dieser Person habe ich seit Ewigkeiten nichts gehört: ....

Daher kennen wir uns: ....

....

Wir standen uns einmal nahe, weil ....

....

....

So habe ich mich gemeldet: ....

....

Die Reaktion: ....

....

Unsere Themen: ....

....

....

Wir haben abgemacht, dass

- ☐ wir es wiederholen
- ☐ es eine einmalige Sache bleibt

Datum: ____________

Heute startest du ein Tagebuch.

Nimm ein leeres Heft und leg los. Jeden Abend ein paar Zeilen. Falls du aus der Übung bist, kannst du es hier schon einmal ausprobieren.

Liebes Tagebuch,

heute habe ich nicht nur

,

sondern auch

Das war ☐ ziemlich gut ☐ eher nicht so toll.

Das Wetter war ☐ durchwachsen ☐ klasse.

Das ist heute nicht so gut gelaufen:

Aber dafür war das ganz toll:

Das interessanteste Gespräch hatte ich mit

. Wir haben uns darüber unterhalten:

Insgesamt hat mir der Tag ☐ gut ☐ schlecht gefallen.

Datum: ____________

Heute schreibst du einen echten (Liebes-)Brief.

Zuerst ein paar Aufwärmübungen:

Ich möchte an ______________ schreiben.

Das mag ich an ☐ ihm ☐ ihr:

Darüber würde ☐ er ☐ sie sich freuen:

Das sollte ich auf keinen Fall erwähnen:

Kleine Stichwortliste der Dinge, die ich im Brief sagen möchte:

-
-
-
-
-

Jetzt: Brief schreiben und abschicken!

Datum: ____________

Heute jonglierst du mit Reimen.

Bau in jeden Satz, den du heute schreibst, einen feinen Reim ein.

Meine besten Reime

Datum: ____________

Heute lernst du ein Gedicht.

Schreib es einmal ab. Dann mit der Hand abdecken und Zeile für Zeile auswendig lernen.

(Es muss natürlich kein langes Gedicht sein. Kurz geht auch.)

Datum: ___________

Heute startest du ein Langzeitprojekt.

Notier jeden Tag genau ein Wort,
das deine Laune beschreibt.

Datum: ____________

Heute hältst du durch.

Such dir eine unerträglich eintönige Tätigkeit, die keinen Aufschub duldet, und bring sie einfach zu Ende.

Das schiebe ich schon lange vor mir her: ....

....

Ich hatte einfach keine Lust darauf, weil ....

....

So habe ich mich heute motiviert: ....

....

....

So oft wollte ich zwischendurch aufgeben: ☐ Mal
Aber ich habe es einfach durchgezogen!

So lange hat es gedauert: ☐ ☐ Minuten ☐ Stunden

So erleichtert bin ich jetzt: 0% ▭ 100%

Fertig? Klopf dir auf die Schulter.
Das hast du gut gemacht!

Datum: ____________

Heute lernst du etwas Neues kennen.

Erweitere deinen Horizont und mach
Bekanntschaft mit einer neuen Band.

Das höre ich normalerweise am liebsten: ....

....

Aber heute habe ich mir mal das genauer angehört:

....

....

Das hatte mich bisher nicht interessiert, weil: ....

....

....

Mein erster Eindruck:

☐ ganz nett ☐ hm ☐ ....

So denke ich nach einer Weile
darüber: ....

....

....

....

Werde ich es mir jetzt öfter anhören:

☐ ja ☐ nein

Weil ....

....

....

....

....

Datum: ____________

Heute schaust du mal über den Tellerrand.

Freunde dich mit einem Ekelgemüse an.

Dieses Gemüse habe ich bisher abgelehnt:

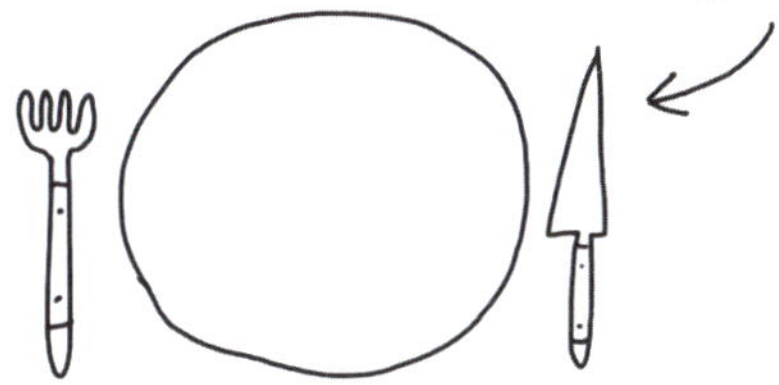

Und warum? ....

....

Heute habe ich es trotzdem noch einmal probiert.

So riecht es: ....

So fühlt es sich an: ....

Und so schmeckt es: ....

....

Mein abschließendes Urteil:

☐ kann man mal machen ☐ bäh ☐ ....

Weil ....

....

....

....

....

Datum: ______________

Heute kommst du mal runter.

Egal ob du dich auf der Luftmatratze im Pool treiben lässt oder einfach mal 'ne Stunde unterm Apfelbäumchen liegst: Heute entspannst du dich. Wirf die To-do-Liste weg, sag den Termin ab, verschieb das Putzen auf morgen ...

Das alles hätte ich erledigen sollen: ……………………

……………………………………………………

……………………………………………………

Stattdessen habe ich: ……………………………

……………………………………………………

……………………………………………………

…………………………………… Es war herrlich!

So fühle ich mich jetzt: ☐ entspannt ☐ ……………

……………………………………………………

……………………………

Morgen werde ich …………

……………………

……………………

……………………

……………………

……………………

……………………

……………………

……………………

Datum: ____________

Heute treibst du deinen Puls in die Höhe.

Achterbahn, Auktion, Pferdewetten?
Mach mal was richtig Spannendes.

Diese Dinge finde ich ziemlich spannend: ....

....

....

Und das habe ich heute gemacht: ....

....

....

Spannungskurve
(Spannungslevel einzeichnen)

Ich fand es unglaublich spannend, weil ....

....

So fühle ich mich jetzt:

☐ entspannt ☐ energiegeladen

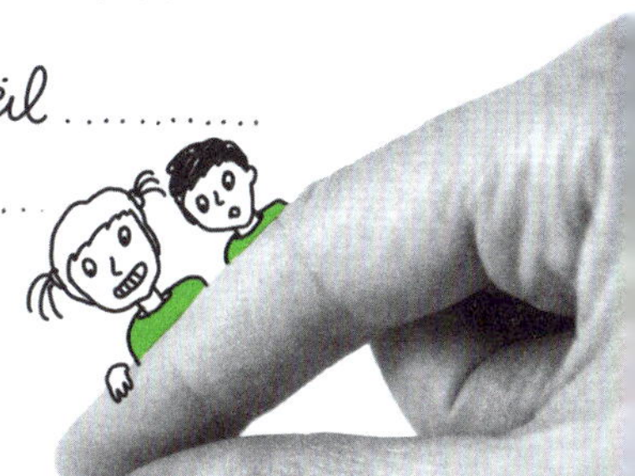

Datum: ____________

Heute machst du heimlich was Nettes.

Schmuggle kleine Zettel mit netten Botschaften in die Taschen deiner Freunde und Kollegen ...

Datum: ___________

Heute bäckst du alle glücklich.

Back Glückskekse mit eigenen lustigen, individuellen Botschaften.

Backrezepte für Glückskekse findest du im Internet.

Datum: ____________

Heute machst du einen Schlafanzugtag.

Zeichne dich in deinem Lieblingsschlafanzug.

Was anderes musst du am Schlafanzugtag wirklich nicht machen.

Datum: ____________

Heute machst du dir Gedanken über Gemütlichkeit.

Schreib alles auf, was dein Leben gemütlicher macht.

In meiner Hand ↑

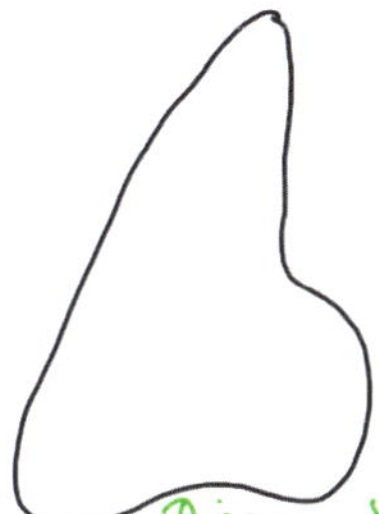

Dieser Duft in meiner Nase ↑

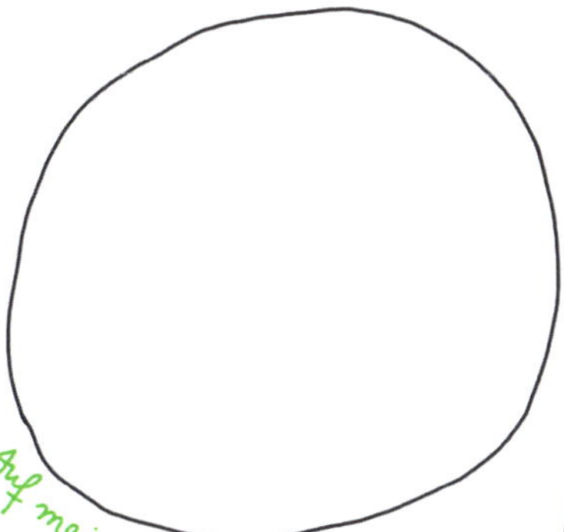

Auf meinem Teller ↑

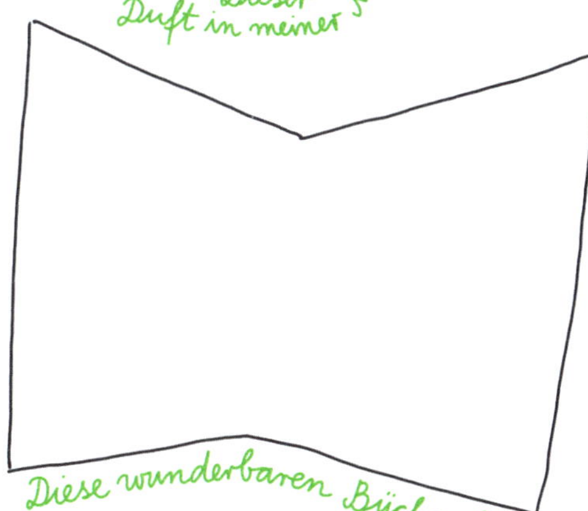

Diese wunderbaren Bücher ↑

Eine große Tasse voll ↑

↑ Auf meinen Lippen

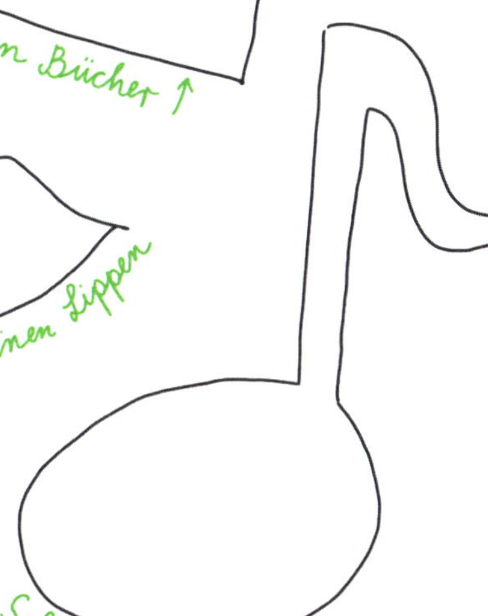

Im Fernseher ↑

Schönste Musik ↑

Datum: ____________

Heute verbreitest du gute Laune.

Mach möglichst viele Leute glücklich.
Sei nett, zuvorkommend, charmant und motivierend.
Einfach so, ohne einen speziellen Anlass.

So viele Leute konnte ich glücklich machen:
ca. ☐ Stück

Wen habe ich glücklich gemacht? Und wie?

....

....

....

So fühle ich mich jetzt: ☐ beschwingt ☐ erledigt

Weil ....

....

Datum: ____________

Heute zeigst du der Welt deine Laune.

Und zwar durch deine Kleidung. Viel Spaß.

So war meine Laune heute:

☐ himmelhoch jauchzend ☐ unterirdisch ☐ ....

Weil ....

....

Deshalb habe ich mir das angezogen: ....

....

....

....

Auf dem Kopf hatte ich: ......

....

....

Und im Gesicht trug ich:

☐ ein Lächeln
☐ Sorgenfalten

So fühle ich mich jetzt:

....

....

....

....

....

Datum: ___________

Heute legst du eine Lachkonserve an.

Datum: ____________

Heute bringst du andere zum Lachen.

Lachen ist noch viel schöner,
wenn man andere damit ansteckt.

Insgesamt habe ich ☐ Personen mit meiner guten Laune angesteckt.

So habe ich .... zum Lachen gebracht: ....

....

....

So habe ich .... zum Lachen gebracht:

....

....

Und so habe ich .... zum Lachen gebracht:

....

....

....

Ich bin mit meiner Leistung
☐ sehr ☐ nicht so
zufrieden, weil ....

....

....

....

....

....

Datum: ___________

Heute zeichnest du einen Freundschaftsstammbaum.

Zeichne einen "Stammbaum" all deiner Freunde.

Datum: ____________

Heute stellst du dein Team auf.

....

Name

bringt mich *immer* zum Lachen.

....

kann wirklich gut zuhören.

....

ist ein Computer-Genie!

....

ist ein Retter in der Not.

....

kann ich jederzeit anrufen.

....

kann am allerbesten kochen.

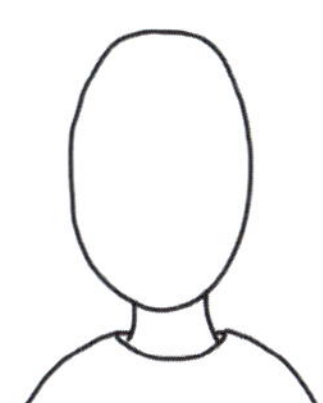

....

erträgt auch meine nicht so guten Launen.

....

darf mich in jeder Lebenslage kritisieren, ohne dass ich an die Decke gehe.

....

Datum: ____________

Heute sammelst du Glücksmusik.

1. Notier alle Songs, die dich auf Knopfdruck glücklich machen.
2. Erstell damit eine Playlist.
3. Jetzt hast du Instant-Glück für den nächsten Notfall.

Meine Playlist:

Datum: ____________

Heute machst du ein Mixtape.

1. Stell ein Mixtape für deinen Lieblingsmenschen zusammen.
2. Schenk es ihm/ihr.

Dieses Mixtape ist für: ……………………………………

……………………………………

„Unser" Song: ……………………………………

……………………………………

Das passt gut an den Anfang: ……………………………………

……………………………………

……………………………………

Der perfekte "Rausschmeißer" fürs Ende:

……………………………………

……………………………………

Auch diese Songs dürfen nicht fehlen: ……………………………………

……………………………………

……………………………………

……………………………………

……………………………………

……………………………………

……………………………………

Datum: ____________

Heute sammelst du freundliche Wörter.

Sammle alle Säuseleien,
lustigen Liebesworte und interessanten Sätze,
die du heute hörst.

Datum: ____________

Heute erfindest du neue Wörter.

Finde fantastische neue Wörter für unbeschreibbare Gefühle.

schokolamisch

paradüselig

niedlerichisch

kladienig

Der friedliche Moment, ganz kurz vor dem Aufstehen: ....

ominöschön

prilenisch

smalienig

Datum: ____________

Heute bist du nicht allein.

Triff richtig viele Leute.

Diese Leute habe ich getroffen: ....

....

....

....

....

.... und viele mehr!

Dort hat das Treffen stattgefunden: ....

....

Das interessanteste Gespräch: ....

....

....

Darauf hätte ich verzichten können: ....

....

Die größte Überraschung: ....

....

....

....

Datum: ____________

Heute interviewst du dich selbst.

Guten Tag, wie geht es mir heute?
Aha, sehr interessant!

Meine Fragen	Meine Antworten
Ist es wirklich wahr, dass ich ....?	....
Besteht die Chance, dass ich ....?	....
Ich möchte gern wissen, ob ich	....
Was wird die Zukunft Interessantes für mich bereithalten?	....

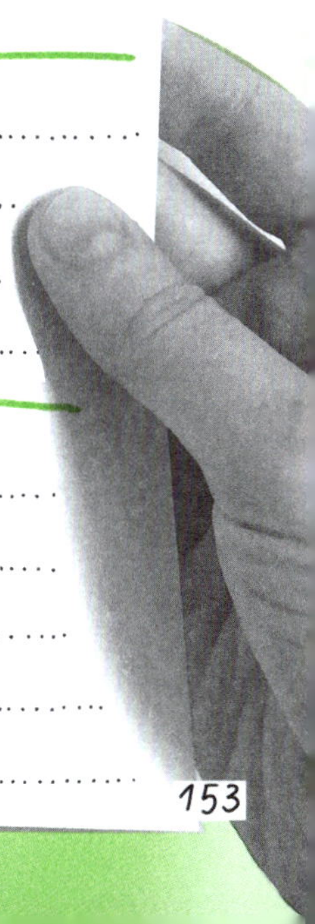

Datum: ____________

Heute findest du interessante Schatten.

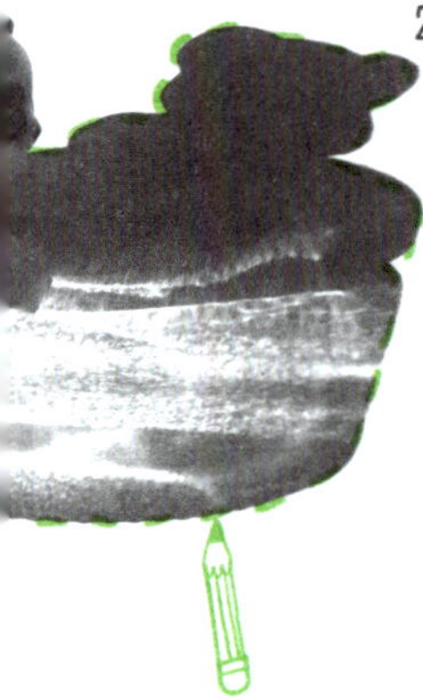

Zeichne die Umrisse der Schatten hier ab.
Du kannst auch lustige Details hinzufügen.

Datum: ____________

Heute findest du ungewöhnliche Dinge zum Malen.

Auf dieser Seite kannst du
ausprobieren, was färbt und malt.

Datum: ____________

Heute wünschst du dir mal was.

Jede Münze ein kleiner Wunsch.

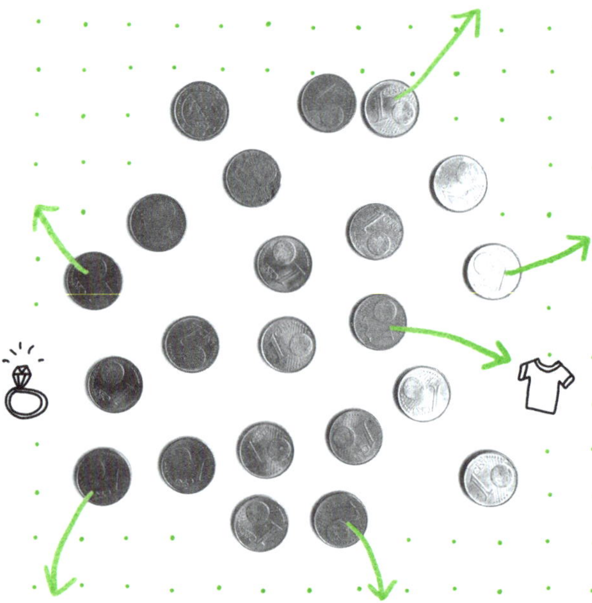

Datum: ____________

Heute erfüllst du dir einen großen Wunsch.

Das ist mein großer Wunsch:

So lange wünsche ich mir das schon: seit ☐

☐ Wochen ☐ Monaten ☐ Jahren

Da ist es heute passiert:

Der war dabei:

So ist es abgelaufen:

Das habe ich vorher gedacht:

Das dabei:

Und das direkt im Anschluss:

Der allerbeste Moment:

Kapitel 4

BeWEG

ung

Datum: ____________

Heute bewegst du dich mal anders.

Benutz ein für dich ungewohntes Fortbewegungsmittel.
Trau dich einfach mal.

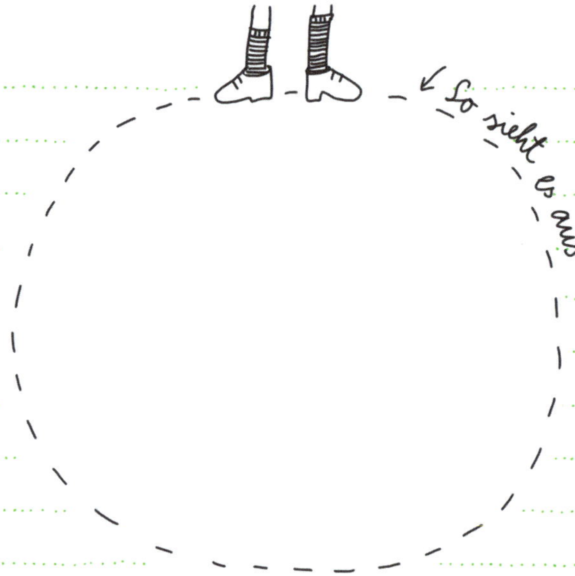

Ich habe heute ……

ein …… benutzt,

und es hat mich ☐ große ☐ keine Überwindung gekostet.

So sicher habe ich mich gefühlt:

0% ▭ 100%

Das ging mir durch den Kopf:

……

……

Das möchte ich als Nächstes ausprobieren:

……

……

Datum: ____________

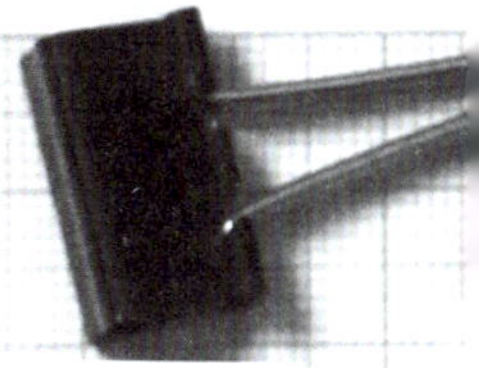

Heute bist du ein Erfinder.

Denk dir ein neues Fortbewegungsmittel aus.

Spinn richtig drauf los. Je verrückter, desto besser.

erste Ideen

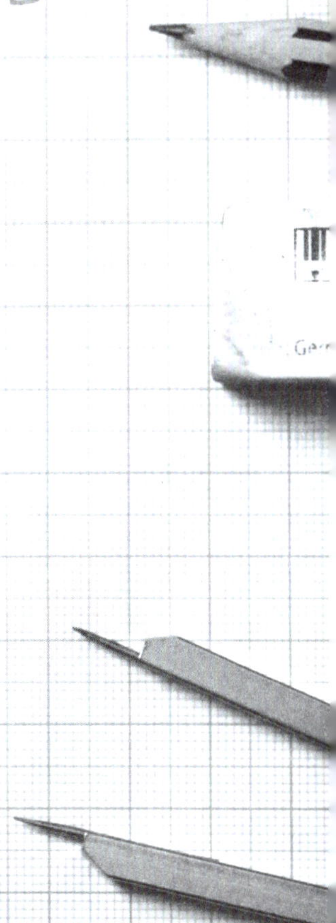

So sieht es fertig aus.

Datum: ____________

Heute unternimmst du einen Ausflug.

1. Geh zum Kühlschrank und pack das Erste ein, das dir in die Finger kommt.
2. Verlass deine Wohnung.
3. Geh zur nächsten Kreuzung und schlag den Weg ein, der dir am sympathischsten erscheint.
4. Geh diesen Weg genau 5 Minuten.
5. Jetzt schau dich um und finde einen geeigneten Platz für ein kleines Picknick.

Das habe ich in meine Tasche gepackt:

So ist das Wetter:

Da mache ich mein Picknick:

So lange habe ich für den Weg gebraucht: ☐ Minuten

So viele Leute sind schon vorbeigegangen: ☐ Stück

Diese Geräusche höre ich:

So laut ist es hier: leise ▭ viel zu laut

Das sehe ich, wenn ich nach oben schaue:

Datum: ___________

Heute wiederholst du den Ausflug.

Mach alles genau so wie links beschrieben. Wetten, dass trotzdem alles ganz anders kommt als beim letzten Mal?

Das ist heute in meiner Tasche: ...

Das Wetter: ...

Mein Picknick-Platz: ...

So lange habe ich für den Weg gebraucht: ☐ Minuten

So viele Leute sind schon vorbeigegangen: ☐ Stück

So laut ist es heute:

sehr leise ☐ LAUT!!

Und wenn ich nach oben schaue, sehe ich: ...

Datum: ____________

Heute machst du eine Nachtwanderung.

Vergiss die Taschenlampe nicht!

Dort bin ich herumgewandert: ....

....

Wer war dabei? ....

....

So lange war ich unterwegs: ☐ ☐ Minuten ☐ Stunden

War es auch ein bisschen unheimlich? ☐ ja ☐ nein

Warum? ....

....

So klang die Nacht: ....

....

Und das waren die Gerüche: ....

....

....

Interessante Entdeckungen:

....

....

....

....

....

....

....

Datum: ____________

Heute tappst du im Dunkeln.

1. Verbinde dir die Augen.
2. Und jetzt erkunde deine Wohnung, schmier dir ein Brot, geh duschen, räum auf...

So lange habe ich durchgehalten: ☐ ☐ Minuten ☐ Stunden

Stolperfallen: ....

So oft habe ich mich gestoßen: ☐ Mal

So war es, im Dunkeln das Brot zu essen: ....

....

....

So fühlt sich meine Wohnung an: ....

....

Und so klingt sie: ....

....

Meine Wohnung riecht nach: ....

....

Das haben meine Hände entdeckt, was meine Augen vorher immer übersehen hatten: ....

....

....

Auch das habe ich mit verbundenen Augen ausprobiert: ....

....

....

....

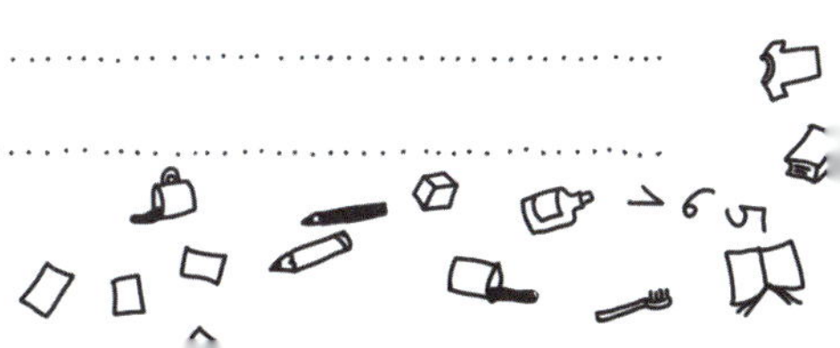

A B C D

Datum: ____________

Heute bist du ein Kartograf.

Leg eine Karte der Wege an, die du am häufigsten zurücklegst. (Falls du nicht zeichnen willst, kannst du auch eine Kopie des Stadtplans hier einkleben.)

1

2

3

4

- hier wohne ich
- meine Schule/Arbeit
- hier wohnen Freunde
- Straßen
- Bäume
- ....
- ....

5

E F G H

Datum: ____________

Heute findest du gute Orte.

Zeichne alle Orte in die Karte ein.

Hier kann man am besten …

☐ tanzen	☐ essen
☐ quatschen	☐ lesen
☐ rumhängen	☐ …………………
☐ küssen	☐ …………………
☐ sitzen	☐ …………………
☐ …………………	☐ …………………
☐ …………………	☐ …………………

Datum: ___________

Heute schreibst du mit dem Fuß.

A B C

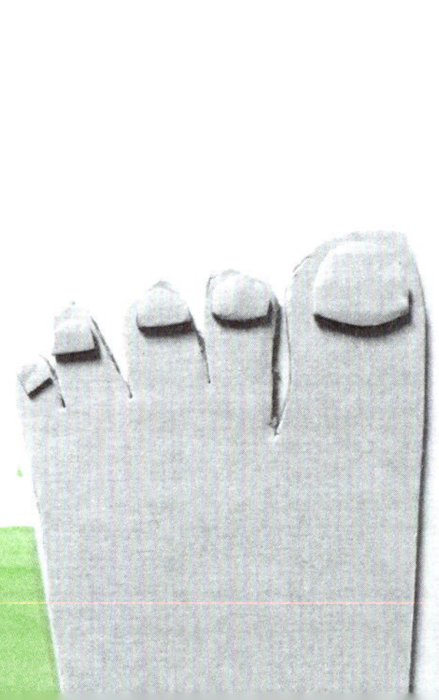

Datum: ___________

Heute bist du ein Fußmaler.

1. Setz dich vor einen Spiegel und leg ein leeres Blatt Papier vor dich auf den Boden.
2. Zieh deinen Strumpf aus und befestige einen Stift am Fuß.
3. Zeichne jetzt dein Selbstporträt.

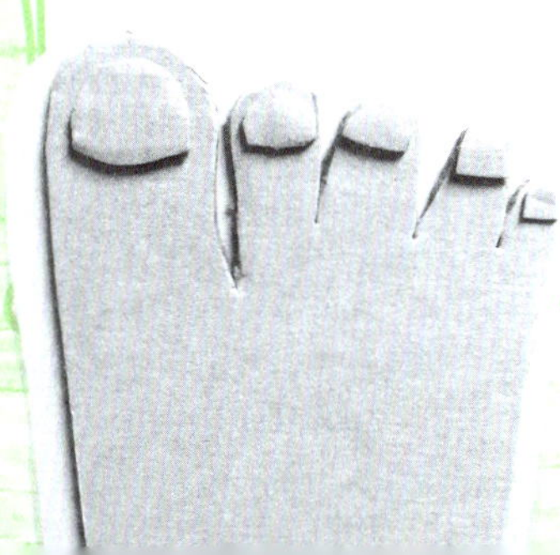

Datum: ____________

Heute schlenderst du am Wasser.

Sammle typische Souvenirs vom Ufer
oder vom Spülsaum.

An diesem Gewässer bin ich entlanggeschlendert:

....

So viel Zeit habe ich dort verbracht:

☐ ☐ Minuten ☐ Stunden

Davon lag dort am meisten herum: ....

....

Außergewöhnlichstes Fundstück: ....

....

Wertvollster Fund: ....

....

....

Das habe ich liegenlassen: ....

....

....

Und das nehme ich mit nach Hause: ....

....

....

....

....

Datum: ____________

Heute flanierst du durch die Stadt.

Sammle Souvenirs vom Spülsaum der Stadt.

Dort bin ich heute herumflaniert: ....

....

Insgesamt war ich [   ] Stunden unterwegs.

Davon lag am meisten herum:

☐ Einkaufszettel ☐ Kassenbons ☐ Fotos ☐ ....

Interessantestes Fundstück: ....

....

Eher ekeliger Fund: ....

....

Skurrilstes Fundstück: ....

....

Das habe ich lieber liegenlassen: ....

....

Und das nehme ich auf jeden Fall mit nach Hause:

....

....

....

Datum: ____________

Heute machst du Umwege. Viele.

Zeichne hier eine kleine Übersicht aller Umwege.

Da ging's los

Normalerweise brauche ich für diese Strecke ca. ☐ ☐ Minuten ☐ Stunden.
Heute habe ich dafür allerdings sogar ☐ ☐ Minuten ☐ Stunden gebraucht.

Schönster Umweg: ....

Ödester Umweg: ....

Kleinster Umweg: ....

Spannendster Umweg: ....

So viele Umwege habe ich gemacht: ☐ Stück

Da wollte ich hin

Datum: ______________

Heute gehst du so lange wie möglich geradeaus.

Minimale Ausweichmanöver sind erlaubt, solange du die Hauptrichtung beibehältst.

Ausgangspunkt: ....

....

Zielpunkt: ....

....

Länge der zurückgelegten Strecke: [   ] ☐ Meter ☐ Kilometer

Dafür habe ich [   ] ☐ Minuten ☐ Stunden benötigt.

Hindernisse, die ich überwinden musste, sortiert nach Größe:

Klein: ....

....

....

Mittel: ....

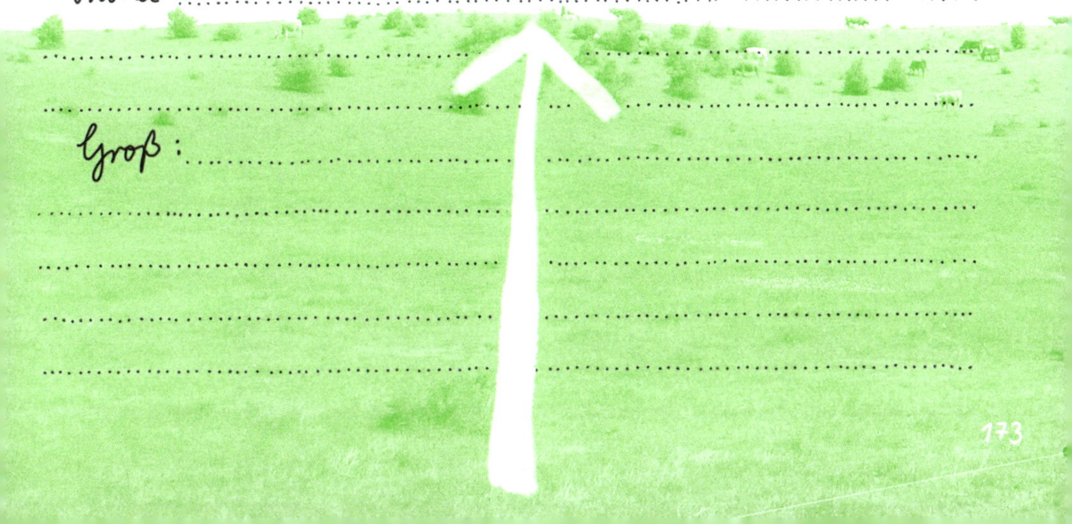

....

....

Groß: ....

....

....

....

....

Datum: ____________

Heute tanzt du alles raus.

Tanz lustig, tanz traurig, tanz es raus!

So oft habe ich heute getanzt: ☐ Mal.

Wer durfte mir beim Tanzen zugucken?

☐ niemand ☐ jeder ☐ ....

Das habe ich alles rausgetanzt: ....

....

....

....

....

....

Zu dieser Musik: ....

....

....

....

Ungewöhnlichster Tanzort: ....

....

So fühle ich mich jetzt: ....

....

....

....

Muskelkater? ☐ ja ☐ nein

Datum: ______________

Heute forderst du jemanden zum Tanz auf.

Na los, trau dich!

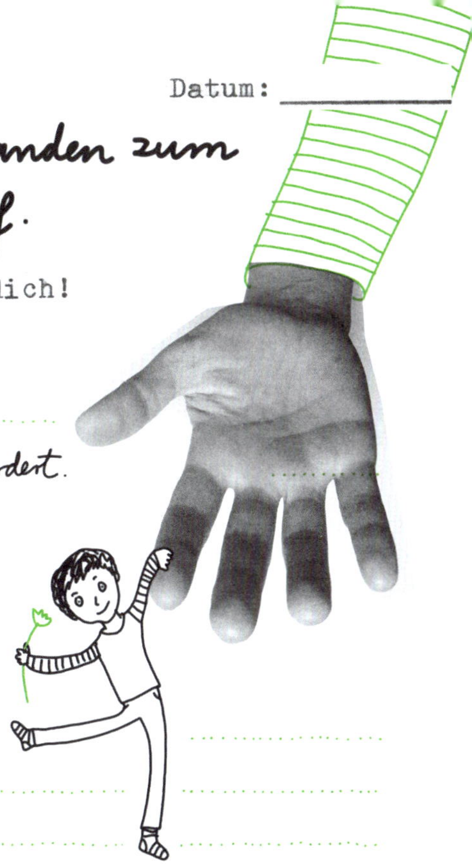

Heute habe ich ……………………………………
…………………………… zum Tanz aufgefordert.

Es hat mich ☐ große ☐ kaum Überwindung gekostet.

Dort haben wir getanzt: ……………………………………
……………………………………………………………

Zu dieser Musik: ……………………………………
……………………………………………………………
……………………………………………………………

Das war ziemlich ☐ schön ☐ witzig, weil ……………………
……………………………………………………………
……………………………………………………………
……………………………………………………………

Der beste Moment: ……………………………………
……………………………………………………………
……………………………………………………………
……………………………………………………………
……………………………………………………………
……………………………………………………………

Datum: ____________

Heute kommst du hoch hinaus.

Kletter auf einen Baum und
verbring dort oben etwas Zeit.

Mein Baum war eine ☐ Eiche ☐ Buche ☐ ....
und insgesamt circa ☐ Meter hoch. ....
Ich bin etwa ☐ Meter hoch geklettert. ....
Das ist mir ziemlich ☐ leicht- ☐ schwergefallen,
weil ....

....

So lange war ich oben: ☐ ☐ Minuten ☐ Stunden
So hat sich die Rinde unter meinen Fingern angefühlt:

....

....

So hat der Baum gerochen: ....

....

....

Das habe ich von oben gesehen: ....

....

....

....

....

Dieses Blatt hab ich von ganz
oben mitgenommen:

Datum: ____________

Heute kommst du noch höher hinaus.

Steig auf einen Berg.

Diesen Berg habe ich bezwungen:

Er ist ☐ ☐ Meter ☐ Kilometer hoch.

Dort befindet er sich:

So lange hat der Aufstieg gedauert: ☐ ☐ Minuten ☐ Stunden

Und so anstrengend war es: 0% ▭ 100%

Die Aussicht war ☐ ganz okay ☐ atemberaubend ☐

So habe ich die Aussicht genossen:

So fühle ich mich jetzt:

Datum: ____________

Heute gehst du campen – im Wohnzimmer.

Errichte aus Stühlen, Decken und Tischen ein Zelt und verbring dort die Nacht.

So habe ich mein Zelt gebaut: ....

....

....

So habe ich es eingerichtet: ....

....

....

Das habe ich darin gemacht: ....

....

....

So war die Nacht: ☐ erholsam ☐ ....

Weil ....

....

....

Datum: ____________

Heute machst du was anders als sonst.

Dort habe ich heute überall gegessen:

Dort hat es mir am besten gefallen:

Ziemlich lustig fand ich:

Das dagegen war etwas kompliziert:

Alles in allem war es eine ☐ alberne ☐ interessante Erfahrung, die ich auf ☐ jeden ☐ keinen Fall wiederholen werde.

Datum: ____________

Heute gehst du querfeldein.

1. Geh in den Wald.
2. Verlass den Weg.
3. Geh drauflos.

Dort bin ich gestartet:

Und hier bin ich angekommen:

So hat es sich angefühlt, die Wege einmal zu verlassen: ☐ gut ☐ etwas gruselig ☐ ____________

Weil

Das habe ich abseits der Wege entdeckt:

So lange habe ich niemanden getroffen:

☐ ☐ Minuten ☐ Stunden

So viele Tiere habe ich gesehen: ☐ Stück

Welche?

Datum: ___________

Heute verirrst du dich in einem Maisfeld.

1. Geh etwa 2o Meter weit ins Feld hinein.
2. Dreh dich mit geschlossenen Augen so oft im Kreis, wie du alt bist.
3. Öffne die Augen und geh los.

Dort befindet sich das Feld:

Wo bin ich gelandet?

Habe ich mich für einen Moment verloren gefühlt?

☐ ja ☐ nein

Wie war das so?

Datum: ____________

Heute lässt du die Schuhe mal stehen.

Geh den ganzen Tag barfuß.

So war das Wetter: ....

....

Dort bin ich herumgelaufen: ....

....

Der seltsamste Ort, den ich barfuß betreten habe: ....

....

Das hat ein bisschen wehgetan: ....

....

Aber das war ziemlich angenehm: ....

....

Werde ich es wieder tun?

☐ natürlich! ☐ niemals

Weil ....

....

....

....

....

....

....

So dreckig sind meine Füße jetzt

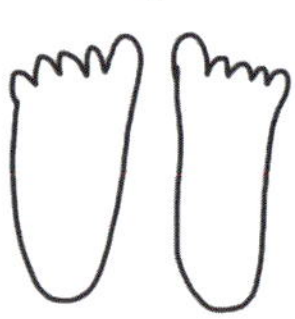

Datum: ____________

Heute pfeifst du auf den Bodenkontakt.

Durchquer dein Zimmer, ohne den Fußboden zu berühren.
Schieb die Möbel, benutz 'nen mobilen Hocker...

Start: ....

Ziel: ....

Diese Möbelstücke habe ich benutzt: ....

....

....

Als sehr nützlich hat sich auch

☐ der ☐ die ☐ das ....

erwiesen.

Ist etwas kaputtgegangen? ......

....

So lange hat es gedauert:

☐ Minuten

Spaßfaktor 0% ▭ 100%

Das ging mir dabei durch den Kopf: ....

....

....

Werde ich es wieder tun? ☐ ja ☐ nein

Weil ....

....

....

....

....

Datum: ____________

Heute bist du ein Riese.

Finde einen Ort, an dem du alle anderen überragst.

Heute war ich hier ☐ die ☐ der Größte: ....

....

Im ☐ wörtlichen ☐ bildlichen Sinn habe ich alle anderen überragt.

Das alles war viel kleiner als ich: ....

....

....

So fühlt es sich an, ein Riese zu sein:

☐ fantastisch ☐ beängstigend ☐ ....

Weil ....

....

....

Ein großer Gedanke, der mir in den Sinn kam:

....

....

....

....

....

....

....

....

Datum: __________

Heute bist du ein Zwerg.

Geh dorthin, wo du dich winzig klein und unbedeutend fühlst.

Hier war ich heute im ☐ wörtlichen ☐ bildlichen Sinn ☐ die ☐ der Kleinste: ....

....

Das alles ist mir dort über den Kopf gewachsen:

....

....

So klein habe ich mich gefühlt:
☐ winzig ☐ mikroskopisch ☐ ....
Weil ....

....

Ein kleiner Gedanke, der mir währenddessen durch den Kopf schoss: ....

Datum: ____________

Heute zählst du deine Schritte.

10.000 Schritte soll man jeden Tag gehen. Wie viele schaffst du?

Heute habe ich [ ] Schritte zurückgelegt. Meine Schritte sind durchschnittlich [ ] Zentimeter lang, also habe ich umgerechnet [ ] Kilometer geschafft. Dafür habe ich [ ] ☐ Minuten ☐ Stunden gebraucht.

Das hat am meisten Spaß gemacht: ……………………………

……………………………………………………………

Die schönste Strecke: ……………………………………

……………………………………………………………

……………………………………………………………

Jetzt fühle ich mich

☐ super ☐ ausgelutscht ☐ ……………………

Morgen werde ich:

☐ mich nicht bewegen

☐ genau einen Schritt weiter gehen als heute

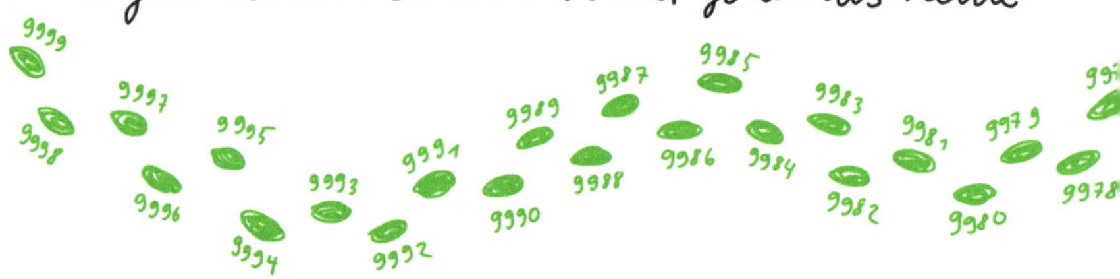

Datum: ____________

Heute reduzierst du deinen Aktionsradius auf ein Minimum.

Beweg dich so wenig wie möglich.

Wichtige Dinge, die ich immer in meiner Nähe brauche: ....

....

Damit habe ich meine Zeit verbracht: ....

....

....

Dafür habe ich mich minimal bewegen müssen: ....

....

....

Anzahl der Schritte, die ich leider zurücklegen musste:

- ☐ <100
- ☐ >100
- ☐ genaue Anzahl: ☐ Stück

Es ist mir ☐ leicht- ☐ schwergefallen, weil ....

....

So fühle ich mich jetzt: ....

....

....

Datum: ____________

Heute schwitzt du mal so richtig.

Vergiss bitte nicht,
ausreichend Wasser zu trinken.

So habe ich mich zum Schwitzen gebracht: ....

....

....

So anstrengend war das: 0% [ ] 100%

So viele Liter habe ich gefühlt ausgeschwitzt:

☐ 1 Liter ☐ 100 Liter ☐ ....

Wer war dabei? ....

....

....

....

So lange hat es gedauert: [ ]

☐ Minuten

☐ Stunden

Das war alles nass (einzeichnen)

Jetzt fühle ich mich ☐ völlig erledigt ☐ euphorisch

Weil ....

....

....

....

....

Datum: ____________

Heute tust du alles – außer gehen.

Probier alle diese Fortbewegungsarten der Reihe nach aus.

☐ Schlendern
☐ Tänzeln
☐ Schleichen
☐ Kriechen
☐ Hüpfen
☐ Rasen
☐ Laufen
☐ Rennen
☐ Hopsen
☐ Schlurfen
☐ Latschen
☐ Flanieren
☐ Stelzen
☐ Trotten
☐ Trödeln

☐ Staksen
☐ Trippeln
☐ Stampfen
☐ Balancieren
☐ Marschieren
☐ Schreiten
☐ Bummeln
☐ Wandern
☐ Lustwandeln
☐ Spazieren
☐ Stöckeln
☐ Stiefeln
☐ ……………………
☐ ……………………
☐ ……………………

Datum: ____________

Heute gehst du gaaaanz langsam von A nach B.

Merk dir so viele Details wie möglich.
Was ist dir nie zuvor aufgefallen?

A = ... B = ...

So lange brauche ich normalerweise für die Strecke:
☐ ☐ Minuten ☐ Stunden

So lange hat es heute gedauert: ☐ ☐ Minuten ☐ Stunden

Das Trödeln hat mir ☐ gut ☐ gar nicht gefallen.

Das ist mir unterwegs aufgefallen: ....
....
....
....

Besondere Begegnungen: ....
....
....
....
....
....
....
....
....

So viele Leute haben mich überholt: ☐ Stück

Und so viele Tiere: ☐ Stück

Datum: ____________

Heute gehst du total schnell von A nach B.

Versuch mal, trotz des hohen Tempos auf Details zu achten. Was hättest du fast übersehen?

A = ……………………………… B = ………………………………

So lange brauche ich normalerweise für die Strecke:

☐ ☐ Minuten ☐ Stunden

Heute ging es so schnell: ☐ ☐ Minuten ☐ Stunden

So habe ich abgekürzt: ………………………………

………………………………………………………………

………………………………………………………………

So viele Leute habe ich überholt: ☐ Stück

Das hat mich trotzdem gestoppt:

☐ rote Ampeln ☐ ………………………………

Hier die Details meines Geschwindigkeitsrausches:

………………………………………………………………

………………………………………………………

………………………………………………

………………………………………

……………………………………

…………………………………

…………………………………

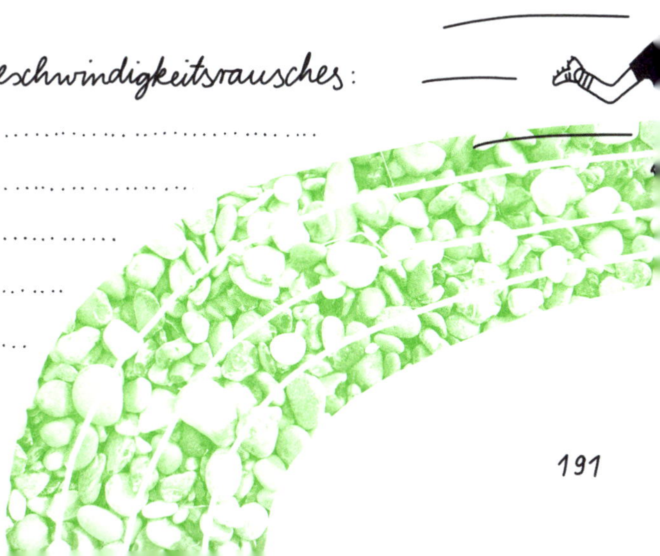

Datum: ____________

Heute machst du eine Schnitzeljagd.

Du brauchst: einen Freund und etwas Kreide.

Bitte deinen Freund, loszugehen und alle paar Meter Hinweispfeile zu hinterlassen.

Folg ihm eine Weile später.

Dort sind wir gestartet: ....

....

Mein Mitspieler

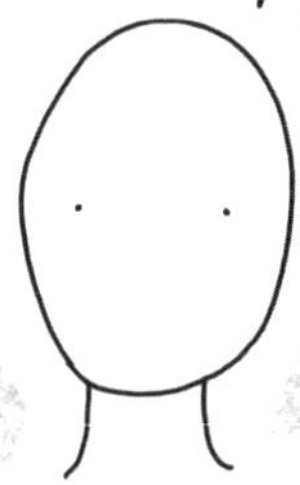

....

Name

Dort habe ich ☐ ihn ☐ sie gefunden:

....

So lange habe ich dafür gebraucht:

☐ ☐ Minuten ☐ Stunden

Diese Wege habe ich zurückgelegt: ....

....

....

....

So viel Spaß hat es gemacht: 0% ☐ 100%

Und jetzt?

Gleich nochmal! Mit vertauschten Rollen.

Datum: ___________

Heute sammelst du Spuren.

Kleb ein weißes Blatt Papier auf einen viel benutzten Fußboden. Lass das Blatt so lange dort kleben, wie du möchtest.

Später kannst du deine Sammlung hier einkleben.

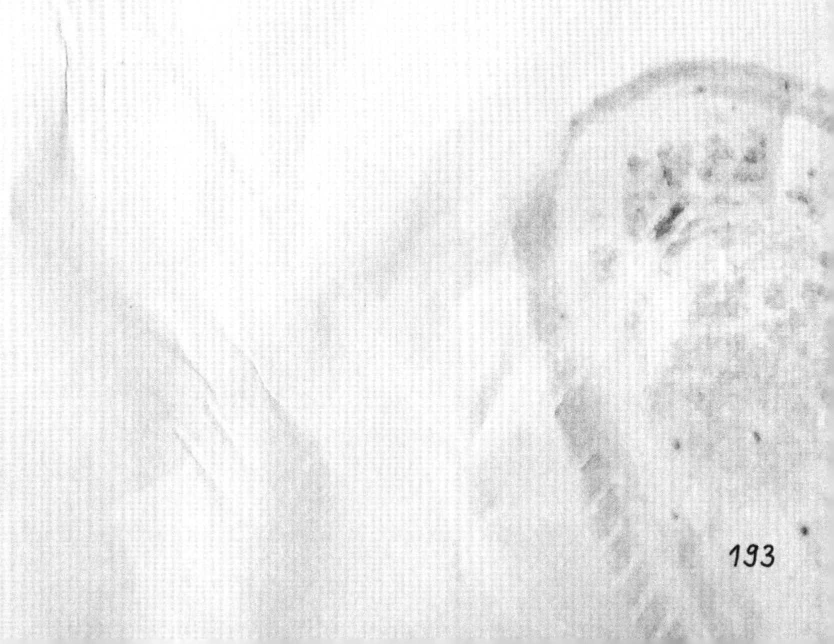

Datum: __________

Heute leitest du eine Ameisenstraße um.

1. Finde eine Ameisenstraße.
2. Leite sie um, so dass sie genau über dieses Buch läuft.

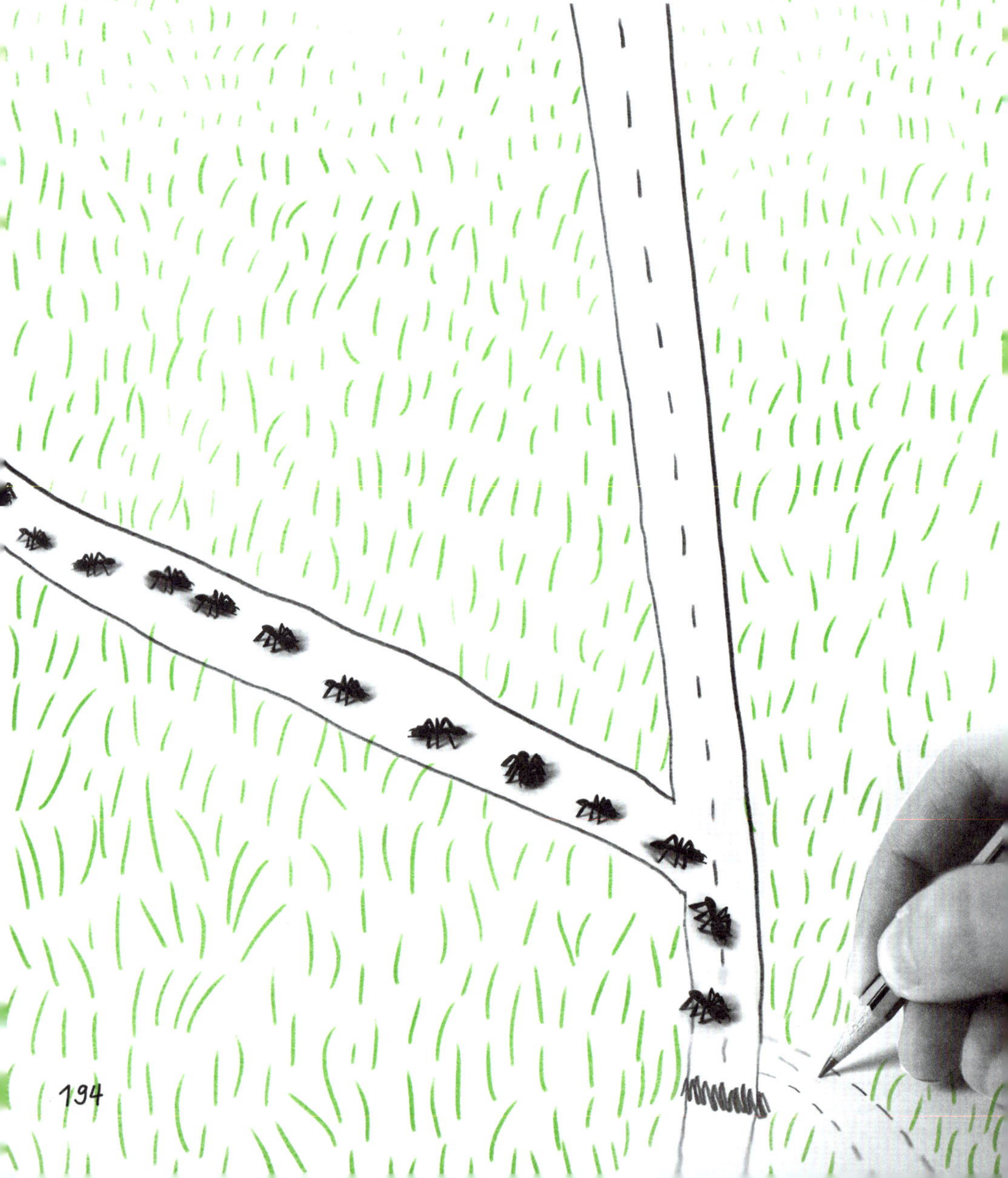

Datum: ____________

Heute machst du einen Rückwärtsspaziergang.

Ganz einfach: Spazieren gehen. Aber Ƨ T Я Ä W ꓘ Ɔ Ü Я.

Dort bin ich herumspaziert: ....

....

So oft bin ich gestolpert: ☐ Mal.

Das war anders als sonst: ....

....

Ich fand es ☐ viel ☐ überhaupt nicht anstrengender.

....

So lange habe ich durchgehalten: ☐ Minuten

Reaktionen von anderen: ....

....

....

Das ging mir durch den Kopf: ....

....

....

....

....

Datum: ___________

Heute umrundest du deine Heimatstadt.

Oder, falls die Stadt zu groß ist:
deinen Stadtteil.

☐ Meine Stadt ☐ mein Stadtteil: ....

....

So hab ich's gemacht: ....

☐ zu Fuß ☐ mit dem Rad ☐ ....

Ich war ☐ ☐ Minuten ☐ Stunden unterwegs und habe dabei eine Strecke von ☐ Kilometern zurückgelegt.

Interessante Neuentdeckung:

....

....

....

....

Meine Reisebegleitung:

....

....

....

Eine schöne Erinnerung: ....

....

Datum: ____________

Heute spazierst du zu deinem Lieblingsort.

Sei so aufmerksam wie möglich und notier alle Details.

Das ist mein Lieblings-ort

Ich liebe diesen Ort, weil

So oft bin ich dort:

☐ täglich ☐

Das denke ich auf dem Weg:

So riecht es dort:

Mein erster Gedanke bei der Ankunft:

Datum: ___________

Heute verbringst du den Tag im Wald.

1. Zieh dir angemessene Kleidung an.
2. Pack dir eine Thermoskanne mit heißem Tee und ein paar Butterbrote ein.
3. Geh in den Wald und stiefle einfach drauflos.

Mein Wald:

Das Wetter:

Interessante Begegnungen:

Diese Tiere habe ich gesehen:

Mein schönstes Erlebnis:

Datum: ____________

Heute sperrst du dich aus.

Verlass die Wohnung, ohne irgendetwas zu planen.
Zieh die Tür ins Schloss, und los geht's.
(Du musst dich nicht wirklich aussperren,
nimm den Schlüssel also ruhig mit.)
Sei offen für Abenteuer.

Insgesamt war ich ☐ Stunden weg.

Damit habe ich meine Zeit verbracht:

Ein paar Orte, an denen ich mich aufgehalten habe:

Sonderbarste Begegnung:

Würde ich es wieder tun? ☐ ja ☐ nein
Warum?

Datum: ____________

Heute findest du eine Art Dinosaurier.

Halt Ausschau nach einem Relikt aus dem letzten Jahrtausend: Finde eine Telefonzelle.

Dort habe ich eine Telefonzelle gefunden: ....

....

So sah sie von außen aus: ....

....

....

Und so von innen: ....

....

....

So hat es dort gerochen: ....

....

Habe ich sie benutzt? ☐ ja ☐ nein

Falls ja, wen habe ich angerufen? ....

Und wie war das so? ....

....

....

....

Diese „Dinosaurier" habe ich auch gefunden:

....

....

....

....

Datum: ____________

Heute holst du dir nasse Füße.

Bau dir ein Boot (oder leih dir eins aus, falls du heute etwas faul bist), und dann ab aufs Wasser.

Dort bin ich aufs Wasser gegangen: ____________

____

Darin habe ich mich aufs Wasser gewagt: ____________

____

____

Das ist mir auf dem Wasser begegnet: ____________

____

____

So viel Zeit habe ich dort verbracht: ☐ Stunden

Da bin ich nass geworden
(nasse Stellen markieren)

Das Wasser war ☐ kalt ☐ warm ☐ ____________
und hatte diese Farbe: ____________

Datum: ____________

Heute legst du eine persönliche Weltkarte an.

Markiere alle dir wichtigen Orte in dieser Weltkarte.

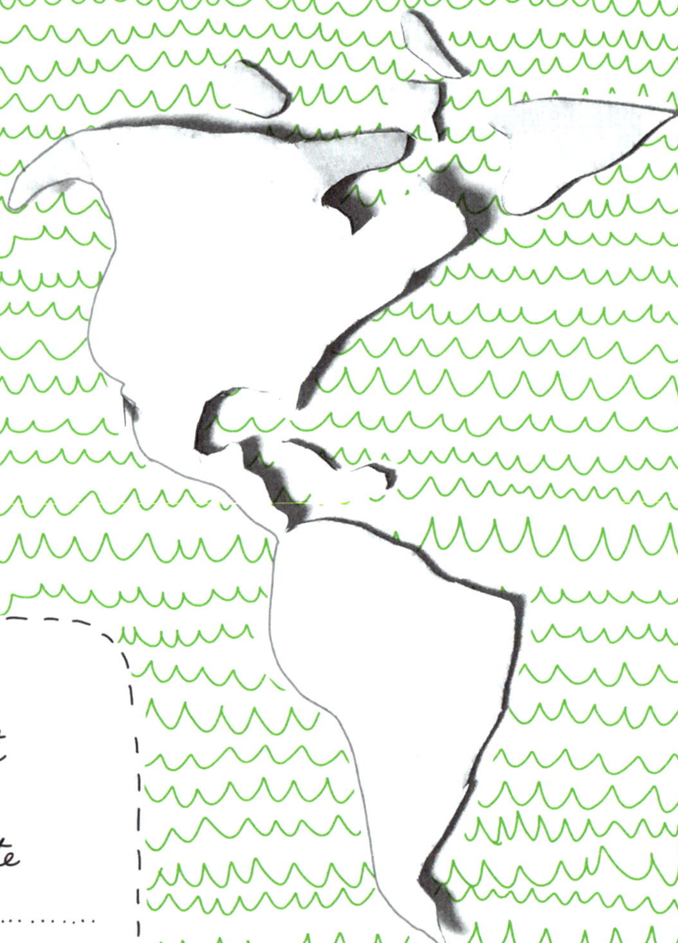

Meine Orte

* ✳ Geburtsort
* ⌂ Wohnorte
* ♡ Herzensorte
* ☐ ....
* ☐ ....
* ☐ ....
* ☐ ....

Datum: ____________

Heute planst du viele Reisen.

Zeichne alle Orte, die du unbedingt mal sehen möchtest, in die Karte ein.

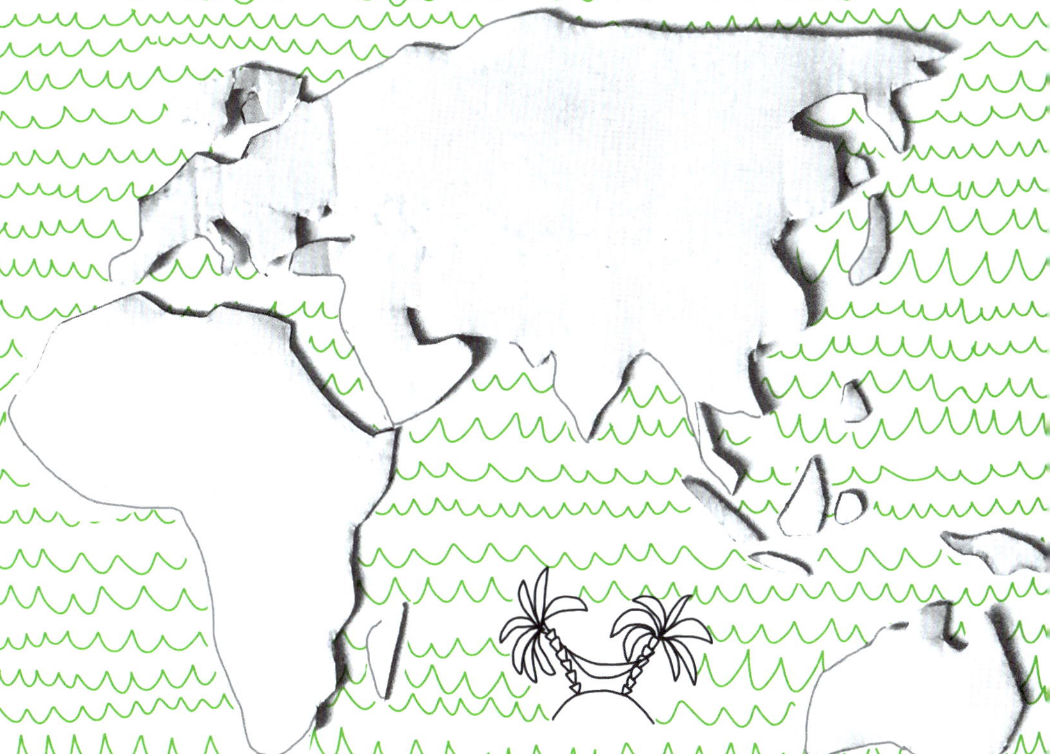

Hier möchte ich leben.

Hierhin möchte ich reisen.

☐ ....

☐ ....